Johannes Weberling (Hrsg.)

Verantwortliche beim Namen nennen – Täter haben ein Gesicht

Symposium der Arbeitsgruppe „Aufarbeitung und Recht" im Studien- und Forschungsschwerpunkt Medienrecht der Europa-Universität Viadrina Frankfurt (Oder) in Zusammenarbeit mit dem Forschungsverbund SED-Staat der Freien Universität Berlin

 Nomos

Die Deutsche Nationalbibliothek verzeichnet diese Publikation in
der Deutschen Nationalbibliografie; detaillierte bibliografische
Daten sind im Internet über http://www.d-nb.de abrufbar.

ISBN 978-3-8329-4844-3

1. Auflage 2009
© Nomos Verlagsgesellschaft, Baden-Baden 2009. Printed in Germany. Alle Rechte,
auch die des Nachdrucks von Auszügen, der fotomechanischen Wiedergabe und der
Übersetzung, vorbehalten. Gedruckt auf alterungsbeständigem Papier.

Inhaltsverzeichnis

Vorwort 7

Christine Keitel-Kreidt
Begrüßung der Teilnehmer 9

Hans-Joachim Otto
Vorfahrt für die Aufarbeitung – Motive des Deutschen Bundestags
für die 7. Novelle des Stasi-Unterlagen-Gesetzes 2007 13

Johannes Weberling
Recht auf Vergessen, medialer Pranger, Gefährdung der
Resozialisierung? – Wege und Irrwege der Rechtsprechung zur
Aufarbeitung des SED-Unrechts 19

Wolfram Pyta
Der Umgang mit namentlicher Nennung von NS-Tätern in der
Bundesrepublik Deutschland 31

Jochen Staadt
Das öffentliche Interesse an den Stützen des Regimes. Die Analyse
politischer Systeme und ihrer Funktionsträger 41

Hans-Jürgen Grasemann
Täter haben ein Gesicht – Die Notwendigkeit zur Benennung von
Täternamen bei der Aufarbeitung des SED-Unrechts –
Rechtspolitische Aspekte 49

Reinhard Borgmann
Verantwortliche beim Namen nennen – Täter haben ein Gesicht
Namensnennung von Tätern zwischen Aufarbeitungsinteresse und
Persönlichkeitsrecht – Publizistische Aspekte 59

Frank Jendro
Die Nutzung von Stasiunterlagen und der Datenschutz – kein Gegensatz 71

Autorenverzeichnis 79

Vorwort

Die gesamte Szene für die Aufarbeitung der Stasi-Vergangenheit befindet sich seit Mitte 2008 in Aufruhr. Es häufen sich die Fälle, in denen unter Bezug auf ein angebliches »Recht auf Vergessen«, die Lebach I-Entscheidung des BVerfG oder allgemein auf ein angebliches »Recht, anonym zu bleiben« seriöse Publikationen aller Art angegriffen und verboten werden, in denen Stasi-Täter beim Namen genannt werden.
Künftige Entscheidungen der Instanzgerichte lassen sich – wenn überhaupt – nur durch eine intensive Diskussion des Themas in der Öffentlichkeit beeinflussen. Um diese Diskussion fachlich zu unterstützen, veranstaltete die Arbeitsgruppe Aufarbeitung und Recht im Studien- und Forschungsschwerpunkt Medienrecht der Europa-Universität Viadrina Frankfurt (Oder) am 17. März 2009 zusammen mit dem Forschungsverbund SED-Staat der Freien Universität Berlin an der Freien Universität Berlin das Symposium »Verantwortliche beim Namen nennen – Täter haben ein Gesicht. Namensnennung von Tätern zwischen Aufarbeitungsinteresse und Persönlichkeitsrecht«. Auf dem Symposium wurde ausgehend vom politischen Willen des Gesetzgebers, der insbesondere bei der Diskussion der 7. Novelle des Stasi-Unterlagen-Gesetzes (StUG) Ende 2006 noch einmal betont wurde, die Problematik und Notwendigkeit der Benennung von Täter-Namen bei der Aufarbeitung des SED-Unrechts aus politischer, rechtswissenschaftlicher, historischer, politikwissenschaftlicher, rechtspolitischer, publizistischer und datenschutzrechtlicher Sicht vorgestellt und diskutiert.
Die notwendige Diskussion dieses Themas in der Öffentlichkeit wird nur dann zu befriedigenden Ergebnissen führen, wenn sie besser fundiert und breiter als bisher geführt werden kann. Dazu soll diese Publikation mit den von den Referenten des Symposiums noch einmal überarbeiteten und aktualisierten Vorträgen einen Beitrag leisten.
Ebenso wie die Durchführung des Symposiums wäre die Herausgabe dieser Publikation nicht ohne die Unterstützung von Sponsoren der Arbeitsgruppe Aufarbeitung und Recht möglich gewesen. Ihnen sei an dieser Stelle herzlich gedankt. Zu danken ist auch der Freien Universität Berlin für ihre Gastfreundschaft sowie dem Nomos Verlag für seine Bereitschaft, die Veröffentlichung der Beiträge des Symposiums in sein Verlagsprogramm aufzunehmen, und seiner Lektorin Gisela Krausnick für die sachkundige Betreuung und Begleitung des Publikationsvorhabens.

Berlin / Frankfurt (Oder), im Mai 2009   *Johannes Weberling*

Christine Keitel-Kreidt

Begrüßung der Teilnehmer

Im Namen des Präsidiums der Freien Universität Berlin begrüße ich Sie sehr herzlich zu diesem wichtigen Symposium!
Wir freuen uns, dass die Arbeitsgruppe *»Aufarbeitung und Recht«* innerhalb des Studien- und Forschungsschwerpunktes *»Medienrecht«* der Europa-Universität Viadrina Frankfurt (Oder) – in Zusammenarbeit mit dem *Forschungsverbund SED-Staat* – dieses Symposium *hier an der Freien Universität* veranstaltet, ein *Symposium, das sich wissenschaftlich-kritisch mit der Frage der Verantwortung staatlicher Amtsträger und ihrer geheimpolizeilichen Mitarbeiter unterschiedlicher Provenienz* in einer öffentlichen Auseinandersetzung beschäftigt.

Die Gründung der Freien Universität ging ja 1948 vor allem von Studierenden aus, die sich nach den bitteren Erfahrungen der nationalsozialistischen Diktatur für *Freiheit und Demokratie engagierten und die neuerliche Gleichschaltung* ihrer Universität Unter den Linden ablehnten. Es ging um die Frage der *Verantwortung der einzelnen Bürgerinnen und Bürger für das Geschehen vor 1945 und wie nach der Niederschlagung des NS-Regimes ein wirklicher Neubeginn gestaltet werden könnte,* das bewegte die Gründergeneration gerade dieser Universität:
Die Frage der *Verantwortung* für das lange Einwirken des nationalsozialistischen Regimes bewegte auch die folgenden Generationen der Studierenden hier in Dahlem. Zu heftigen Auseinandersetzungen in der Freien Universität führte 1960 eine Ausstellung zum Thema *»Ungesühnte Nazijustiz«*. Der Initiator dieser Ausstellung, Reinhard Strecker, studierte an der Freien Universität indogermanische Sprachwissenschaften. Er gehörte dem Sozialistischen Deutschen Studentenbund an, mit dessen Unterstützung die Ausstellung auch in zahlreichen anderen Universitäten Westdeutschlands gezeigt werden konnte. Strecker erstattete im Januar 1960 *gegen 43 schwer belastete Richter, die in der NS-Zeit an Todesurteilen mitgewirkt hatten, Strafanzeige.* Die Ausstellung wurde damals noch als *Tabubruch* empfunden. Rechtspolitiker aller Parteien verwahrten sich gegen den Angriff auf die Richter. Rasch war der Vorwurf bei der Hand, es handele sich um *gefälschtes Material und die linken Studenten betrieben »das Geschäft Pankows«.* Heute wissen wir, dass man mit solchen Vorwürfen doch etwas vorsichtiger umgehen müssen.

Generalbundesanwalt Max Güde aber lud Strecker zum Gespräch ein und erklärte anschließend, er zweifele nicht an der Echtheit der vorgelegten Dokumente und sei erschrocken über einige Urteilsbegründungen. Ihm sei kein Fall bekannt, in dem ein Richter wegen eines zu milden Urteils in der NS-Zeit bedroht oder bestraft worden wäre. Güde betonte: »*Viele der Todesurteile von damals hätten nicht zu ergehen brauchen. Sie hätten nicht gefällt werden dürfen; selbst auf Grundlage der Gesetze, nach denen sie gefällt wurden.*« Wir wissen, daß die damals von *Studenten dieser Universität angestoßene öffentliche Diskussion für unsere Gesellschaft unerläßlich war* und es bis heute geblieben ist.

Die Frage ob und wie man Verantwortliche für die Aufrechterhaltung eines diktatorischen Regimes beim *Namen nennt*, bewegt die öffentliche Meinung auf andere und doch vergleichbare Weise auch seit der friedlichen Revolution in der DDR. Helmut Kohl und Wolfgang Schäuble haben 1990 keinen Hehl daraus gemacht, daß sie am liebsten das gesamte Archiv des DDR-Staatssicherheitsdienstes für Jahrzehnte verschließen würden. Dank des Drucks von Bürgerrechtlern und der frei gewählten DDR-Volkskammer entschied sich der Gesetzgeber aber für den Weg der öffentlichen Auseinandersetzung mit der untergegangenen Diktatur und schuf das Stasi-Unterlagen-Gesetz, über das Sie hier heute auch diskutieren werden.

Der polnische Germanist Karol Sauerland, dessen Vater den stalinistischen Säuberungen zum Opfer fiel, legte vor einigen Jahren mit seinem Buch »30 Silberlinge« eine *kleine Kulturgeschichte der Denunziation* vor. Im Fazit dieses Buches stellt Sauerland die Frage nach dem *gesellschaftlichen Umgang mit Verrat und Denunziation in einem Rechtstaat* und kommt zu dem Ergebnis, daß eine juristische Aufarbeitung solcher Handlungen kaum möglich ist. Gerechterweise müßte nämlich eine ganze Tätergruppe, die an solchen »Massenverwaltungsverbrechen« beteiligt war, auf der Strafbank sitzen. Damit aber können klassische Gerichtsverfahren, die nach der *Rechtsverletzung des Einzeltäters suchen*, nicht dienen. Am Ende bleiben eine Unzahl von Untaten und Opfern aber keine Täter mit einem rechtsbrecherischen Handlungswillen.

Der Rechtstaat kann die politischen Untaten der vorausgegangenen Unrechtsregime nur *unpolitisch beurteilen* und hat deswegen keine Handhabe gegen das Heer der *Spitzel und Zuträger einer überwundenen Diktatur*. Diese Erfahrung wurde übrigens nicht nur nach dem Ende der DDR und anderer Ostblockdiktaturen gemacht. Auch nach dem *Ende der faschistischen Diktaturen* Südeuropas, *in Griechenland, Spanien und Portugal* bewegte diese Problemkonstellation in der zweiten Hälfte der siebziger Jahren die Gemüter insbesondere der früheren Regimegegner.

Einen Gerichtssaal also müssen Denunzianten nicht fürchten. Es bleibt nur das *Licht der Öffentlichkeit*, das ihnen auf der Seele brennt und sie aus dem Versteck holen kann.

Ich wünsche Ihnen, daß Sie mit diesem Symposium zur Klärung der schwierigen Frage beitragen, *wo das öffentliche Interesse an der Verantwortung von Systemträgern* der DDR die *Schutzfunktionen des herkömmlichen Persönlichkeitsrechts überwiegt*, wo und wann also Namen von Verantwortlichen genannt werden können und müssen, oder ob und weshalb *um des lieben Friedens willen* die Stützen des SED-Regimes ein *Recht auf Anonymität beanspruchen können*.

Gestatten Sie mir noch eine persönliche Anmerkung: Ich selbst musste in der DDR als 13jährige Tochter eines DDR-Flüchtlings meine Mutter, die zunächst mit den drei Kindern in der DDR bleiben musste, vor verbalen Beschimpfungen und Attacken von Stasi-Leuten verteidigen und habe mich ganz unerwartet und erschrocken-unerschrocken – mit sprachlich geschultem Vokabular und »vernünftig« – dagegen gewehrt, aber gern hätte ich diese Leute später einmal vor einem Gericht gesehen!

Ich wünsche Ihnen gutes Gelingen bei diesem schwierigen Unterfangen!

Wir sind gespannt auf den Verlauf der Diskussionen dieser wichtigen Veranstaltung und auf die vorgesehene Veröffentlichung Ihrer Ergebnisse.

Hans-Joachim Otto

Vorfahrt für die Aufarbeitung – Motive des Deutschen Bundestages für die 7. Novelle des Stasi-Unterlagen-Gesetzes 2007

»Die Täter HABEN ein Gesicht – Verantwortliche müssen beim Namen genannt werden.« Ich freue mich, Ihnen im Folgenden anhand der 7. Novelle des Stasi-Unterlagen-Gesetzes aus dem Jahr 2007[1] darlegen zu können, wie wichtig es dem Gesetzgeber ist, daß dieser Satz Wirklichkeit ist.
Der Gesetzgeber beschäftigte sich beim Stasi-Unterlagen-Gesetz mit dem Ministerium für Staatssicherheit, das per Gesetz, schon ein Jahr nach Gründung der DDR – 1950 – installiert wurde. Am Ende der DDR – fast 40 Jahre später – handelte es sich bei der Stasi um ein ausgeklügeltes System. Das MfS (Ministerium für Staatssicherheit) konnte zur Überwachung von 17 Mio. Bürgern auf 91.000 hauptamtliche und 173.000 inoffizielle Mitarbeiter zurückgreifen. Insgesamt waren das also rund 1,5 Prozent aller DDR-Bürger. 39 Mio. Karteikarten – also 2,5 Karteikarten pro Einwohner – wurden durch die Stasi beschrieben und in Summe 180 km Akten erzeugt! Das muss man sich einmal vorstellen, das ist der Weg vom Checkpoint Charlie in Berlin bis zur Nikolaikirche in Leipzig, wo die Friedensgebete jeden Montag stattfanden.
Die Akten geben denjenigen, die sie zur Einsicht beantragen, Auskunft über die eigene Biographie, über den Umfang der Bespitzelung und den Einfluß der Stasi auf den eigenen Werdegang.
Das Interesse an Stasi-Akten ist ungebrochen. Zu Beginn des Mauerfall-Jubiläums meldet die Außenstelle Frankfurt (Oder) das höchste Antragsvolumen seit über zehn Jahren. »*Wir sind einfach bei weitem noch nicht am Ende der Aufarbeitung der DDR-Diktatur*« sagt der Leiter der Außenstelle, Rüdiger Sielaff, dazu.[2]
Mit dieser Fülle von Akten (180 km) mußte umgegangen werden. Daher regelt das Stasi-Unterlagen-Gesetz die Verwendung der Akten des MfS seit 1991. Zentrales Anliegen des Gesetzes war die *vollständige* Öffnung der Akten.

---

1   Bundesgesetzblatt Jahrgang 2007, Teil I Nr. 6, ausgegeben am 28. Februar 2007.
2   Vgl. Jan Oberländer: Interesse an Stasi-Akten ungebrochen, in Tsp, 6.1.09.

Das Gesetz verfolgt im Detail drei Ziele:

1) Die Betroffenen sollen ihre Akten einsehen können;
2) Politiker, Abgeordnete, Richter, Mitarbeiter des öffentlichen Dienstes, der Parlamente und Kirchen sowie andere sollen auf eine frühere Stasi-Tätigkeit überprüft werden;
3) die Akten sollen für die Wissenschaft, die Aufarbeitung durch die Medien und die politische Bildung genutzt werden können.

Ich möchte Ihnen im Folgenden zeigen, wie sehr es dem Gesetzgeber auch bei der 7. Novelle des Stasi-Unterlagen-Gesetzes daran gelegen war, Aufarbeitung weiterhin ungehindert zuzulassen bzw. wie sogar verbesserte Voraussetzungen für die Aufarbeitung geschaffen wurden.

Die Geschichte der 7. Novelle begann im Sommer 2006. Und eines kann ich vorwegschicken: Die Diskussion um die Aufarbeitung der DDR-Geschichte und des Ministeriums für Staatssicherheit war auf allen Seiten durch hohe Emotionalität geprägt.

Anlaß der Novelle war – wie so oft – der Ablauf zweier im Stasi-Unterlagen-Gesetz verankerter Fristen. Zum einen die Einsichtsmöglichkeit in das Zentrale Einwohnerregister der DDR – diese war sogar schon ein Jahr zuvor abgelaufen (Ende 2005) – und zum anderen die sogenannte Regelabfrage – diese sollte Ende 2006 ablaufen.

Im Folgenden möchte ich Ihnen die wichtigsten Änderungen im Stasi-Unterlagen-Gesetz vorstellen. Passend zur 7. Novelle werden es *sieben* Punkte sein:

Erstens: Die Wiedereinführung der Einsichtsmöglichkeit in das Zentrale Einwohnermelderegister der DDR (ZER) war äußerst wichtig, denn nur so können Decknamen – wie z.B. »Petra« und »Czerni« – entschlüsselt und Verbindungen zwischen Akten und realen Personen hergestellt werden. Nur so können Klarnamen genannt werden.

Zweitens: Auch die Beschäftigung mit dem Auslaufen der sogenannten Regelabfrage von Personen des öffentlichen Lebens, Personen in gesellschaftlichen und politisch herausgehobenen Ämtern und Funktionen – wie Politiker, Abgeordnete, Richter, Mitarbeiter des öffentlichen Dienstes, der Parlamente und Kirchen, war äußerst wichtig. Diese Regelüberprüfung dieses Personenkreises auf eine mögliche Stasi-Mitarbeit war heftig umstritten. Die Verwendung von Stasiakten für die Überprüfung wäre ab dem 29. Dezember 2006 nicht mehr erlaubt gewesen. Mehr noch – fortan hätte »die Tatsache, einer Tätigkeit für die Stasi dem Mitarbeiter im Rechtsverkehr nicht mehr vorgehalten und nicht zum Nachteil verwertet werden« dürfen – so stand es bisher im Gesetz. Diese Streichung des Vorhalte- und Verwerteverbotes war besonders der FDP-Fraktion äußerst wichtig. Hier wurde zuvor eine falsche Analogie zur strafrechtlichen Verjährung angewandt: Ich zitiere Johannes Beleites (Berlin) der in einem Kommentar »Wie weiter mit den Stasi-Akten?« in der Zeitschrift »Deutschland-Archiv« im Jahr 2007 schrieb: »*Bei Stasi-Mitarbeit geht es meist nicht um strafrechtliche, sondern um moralische oder politische Schuld. Die aber verjährt nicht.*«[3] Dem kann ich voll und ganz zustimmen. Und gerade darum haben wir uns gesagt: »Vorfahrt für die Aufarbeitung! Kein Schlußstrich unter SED-Unrecht!« Wenn es möglich gewesen wäre, die Nennung früherer Stasi-Mitarbeiter in wissenschaftlichen Publikationen oder eine diesbezügliche Presseberichterstattung gerichtlich zu untersagen, so hätte dies die Stasi-Aufarbeitung wesentlich eingeschränkt. Es wäre auch gegenüber SED-Opfern instinktlos gewesen. Die Regelanfrage wurde für eine Frist von weiteren fünf Jahren fortgesetzt. Das war für mich persönlich der wichtigste Punkt.

Ein *dritter* Punkt betraf die Erweiterung des Personenkreises, dem Akteneinsicht gewährt wird. Die Akteneinsicht wurde auch auf Adoptivkinder hinsichtlich ihrer leiblichen Eltern und leibliche Eltern hinsichtlich ihrer zu Adoption freigegebenen Kinder erweitert.

Viertens zielte die Novellierung auf verbesserte Zugangsmöglichkeiten zu den Stasi-Unterlagen für die politische und historische Aufarbeitung durch Forschung, Medien und politische Bildung. Viele Betroffene, zu denen die Stasi Unterlagen angelegt hatte, sind inzwischen gestorben. Daher wurde der Anteil der Unterlagen, die für die Aufarbeitung verschlossen sind, immer größer. Das konnten wir nicht zulassen. Der Zugang für Forschung und Medien mußte auch ohne die Einwilligung der Betroffenen möglich gemacht werden, da andere Quellen oftmals nicht überliefert sind. Hier wurden Schutzfristen eingeführt, die sich an den Regelungen des allgemeinen Archivrechts orientieren. Die Unterlagen Verstorbener werden künftig nutzbar, wenn seit dem Tod dreißig Jahre vergangen sind.

Fünftens: Die Ermächtigung des Bundesbeauftragten zur Herausgabe bestimmter Unterlagen für die Forschung sowie die Medien hatte das Stasi-Unterlagen-Gesetz bisher auf Zwecke der politischen und historischen Aufarbeitung der Tätigkeit der Stasi beschränkt. Diese Beschränkung des Aufarbeitungszweckes berücksichtigte nicht ausreichend, daß die Stasi ein Machtinstrument der SED war und von dieser gesteuert wurde. Die Unterlagen der

---

3   Beleites, Johannes: Wie weiter mit den Stasi-Akten? Die 7. Novelle zum Stasi-Unterlagen-Gesetz vom 21. Dezember 2006, in: Deutschland-Archiv: Zeitschrift für das vereinigte Deutschland, 40, 2007, S. 5 – 8, S. 6.

Stasi – die diese Zusammenhänge aufzeigen – sind also nicht nur für die politische und historische Aufarbeitung der Tätigkeit der Stasi geeignet, sondern auch für die Aufarbeitung des gesamten Herrschaftsapparates der DDR und der Sowjetischen Besatzungszone.

Und *sechstens* wurde zudem ein wissenschaftliches Beratergremium eingesetzt, welches vom Deutschen Bundestag benannt wurde. Die Besetzung dieses Gremiums war unter den Fraktionen heftig umstritten. Insbesondere die Benennung des von der FDP-Fraktion vorgeschlagenen Dr. Hubertus Knabe, Direktor der Gedenkstätte Berlin-Hohenschönhausen, wurde von der SPD, den LINKEN und den GRÜNEN kritisiert. Aus gutem Grund, wie ich finde, hat die FDP-Fraktion an ihrem Vorschlag festgehalten.

Als *siebente* Änderung wurde die Möglichkeit gegeben, das Regionalisierungskonzept der Birthler-Behörde aufzugeben, d.h. die Verpflichtung zur Unterhaltung von Außenstellen der Behörde in den fünf ostdeutschen Bundesländern wurde zu einer Möglichkeit umgewandelt. Dies zeitigte schon erste Ergebnisse: Die Außenstelle Potsdam wurde geschlossen. 16 LKW mit Stasiunterlagen rollten Ende des Jahres 2008 nach Berlin.

Dies sind die Ergebnisse der Novellierung. Was ich noch nicht angesprochen habe, ist der *Weg*, den die Novellierung im parlamentarischen Verfahren genommen hat. Das Ergebnis klingt sehr harmonisch. Doch das Gesetzgebungsverfahren verlief nicht ganz so gradlinig, wie das vorgestellte Ergebnis dies vermuten läßt. Die parteipolitische Gemengelage war kompliziert:
Dem Bundestag lag ein Entwurf der Fraktionen CDU/CSU, SPD und BÜNDNIS 90/DIE GRÜNEN vor[4], der im Wesentlichen aus der Birthler-Behörde stammte. Der Entwurf beinhaltete ein generelles Ende der Regelüberprüfung sowie die Anknüpfung der Überwachungsmöglichkeit an einen konkreten Verdacht. Gegen diesen Entwurf machte sich nur das CDU-regierte Thüringen im Bundesrat stark. Im Bundestag war die FDP-Fraktion zunächst allein.[5] Am Ende stand aber ein Kompromiß, der zu wesentlichen Verbesserungen des Entwurfs aus der Birthler-Behörde führte.[6]

---

4 Siehe dazu den Gesetzentwurf der Fraktionen CDU/CSU, SPD und BÜNDNIS 90/ DIE GRÜNEN, Entwurf eines Siebten Gesetzes zur Änderung des Stasi-Unterlagen-Gesetzes, BT-Drs. 16/2969.
5 Vgl. Beschlussempfehlung und Bericht des Ausschusses für Kultur und Medien zu dem Gesetzentwurf der Fraktionen CDU/CSU, SPD und BÜNDNIS 90/ DIE GRÜNEN, Entwurf eines Siebten Gesetzes zur Änderung des Stasi-Unterlagen-Gesetzes, BT-Drs. 16/3638.
6 Ablauf des Verfahrens: Gesetzentwurf der Fraktionen CDU/CSU, SPD und BÜNDNIS 90/ DIE GRÜNEN, Entwurf eines Siebten Gesetzes zur Änderung des Stasi-Unterlagen-Gesetzes, BT-Drs. 16/2969; Deutscher Bundestag, Plenarprotokoll 16/57 vom 19. Oktober 2006, TOP 30 – Überweisung in die Ausschüsse; Beschlussempfehlung und Bericht des Ausschusses für Kultur und Medien zu dem Gesetzentwurf der Fraktionen CDU/CSU, SPD und

Für meine Fraktion möchte ich hervorheben, daß wir dem ersten Entwurf aus dem Bundestag nicht zustimmen konnten. Uns war dabei klar, daß wir die seit der Wiedervereinigung bestehende Übereinkunft, Angelegenheiten der Aufarbeitung des Stasi-Unrechts möglichst im Konsens aller demokratischen Parteien zu regeln, kurz durchbrochen haben. Wir waren uns aber sicher, daß das Ende der Regelüberprüfung sowie die Anknüpfung der Überprüfungsmöglichkeit an einen konkreten Verdacht falsch gewesen wäre. Uwe Bath, FDP-Abgeordneter aus Thüringen sagte dazu in der Zweiten und Dritten Lesung des Entwurfes eines Gesetzes zur Änderung des Stasi-Unterlagen-Gesetzes im Bundestag: »*Überprüfungen vom Vorliegen konkreter Verdachtsmomente abhängig zu machen, hätte bedeutet, das Ergebnis zu einer Voraussetzung der Überprüfung zu machen.*«[7] Das Vorbehalte- und Verwertungsverbot einer ehemaligen Stasitätigkeit wäre unserer Meinung nach ein fatales Schlußstrich-Signal gewesen.

Durch die Androhung einer namentlichen Abstimmung im Bundestag ist es uns gelungen, die Koalitionsfraktionen zu bewegen, die eigenen Positionen zu überdenken. Die Abstimmung wurde verschoben. In der Folge schlossen sich die Koalitionsfraktionen unseren Argumenten an. Es wurde ein Kompromiß im Konsens mit der Stasi-Unterlagen-Behörde, dem zuständigen Staatsminister für Kultur und Medien sowie dem Bundesrat gefunden.

Dennoch gibt es einige Punkte – auch im geänderten Gesetzentwurf –, die nicht den Vorstellungen meiner Fraktion entsprechen: Der Kreis der überprüfbaren Personen hätte unserer Ansicht nach weiter gefaßt werden müssen und um besondere Ämter des höheren Dienstes (Beamte und Angestellte, die Bezüge nach Bundesbesoldungsverordnung B und vergleichbar erhalten) ergänzt werden sollen. Zudem hielten wir die Beibehaltung des Außenstellenkonzeptes der Birthler-Behörde für sinnvoll, konnten uns insoweit aber nicht durchsetzen.

Denn der »Konsens der Demokraten« war uns wichtiger. Daher stimmten wir dem Entwurf am Ende zu. Immerhin haben wir uns in zentralen Punkten gegen eine ganz große Koalition aus Union, SPD und Grünen sowie gegen 15 von 16 Bundesländern durchgesetzt: kein alltäglicher Vorgang.

Für alle Demokraten stand immer der Gedanke im Mittelpunkt, daß die Aufarbeitung des von der SED und Stasi begangenen Unrechts auch 16 Jahre nach der Wiedervereinigung nicht beendet sein dürfe.

BÜNDNIS 90/ DIE GRÜNEN, Entwurf eines Siebten Gesetzes zur Änderung des Stasi-Unterlagen-Gesetzes, BT-Drs. 16/3638; Gesetzentwurf des Bundesrates, Entwurf eines Gesetzes zur Änderung des Stasi-Unterlagen-Gesetzes und zur Änderung rehabilitierungsrechtlicher Vorschriften, BT-Drs. 16/3653; Deutscher Bundestag, Plenarprotokoll 16/70 vom 30. November 2006, TOP 9 und Zusatzpunkt 5; Bundesgesetzblatt Jahrgang 2007, Teil I Nr. 6, ausgegeben am 28. Februar 2007.

7 Plenarprotokoll des Deutschen Bundestages, 16. Wahlperiode, 70. Sitzung am 30. November 2006, S. 6972.

Die Fraktion DIE LINKE. will bezeichnenderweise einen Schlußstrich unter die Aufarbeitung ziehen. Eine Überprüfung auf Tätigkeit bei der Stasi über 2006 hinaus verstoße gegen den verfassungsrechtlichen Grundsatz der Verhältnismäßigkeit. Dem konnten und können wir selbstverständlich nicht zustimmen!

Mittelfristig wird der Deutsche Bundestag entscheiden müssen, was mit der Birthler-Behörde passiert. In einem Entschließungsantrag aller demokratischen Fraktionen zum Gedenkstättenkonzept der Bundesregierung wurde für die nächste Legislaturperiode eine Expertenkommission gefordert, die die Aufgaben der BStU analysiert und Vorschläge unterbreiten soll, ob und in welcher Form die Aufgaben der BStU mittel- und langfristig zu erfüllen sind. Erst in der darauffolgenden Legislaturperiode soll dann eine Entscheidung getroffen werden. Die Integration in das Bundesarchiv ist angedacht.

Die FDP bleibt am Thema Aufarbeitung dran, wir stellten 2008 einen Antrag zum Thema »Inoffizielle Stasi-Mitarbeiter in Bundesministerien, Bundesbehörden und Bundestag enttarnen – Aufarbeitung des Stasi-Unrechts stärken.« (BT-Drs. 16/9803), den wir in dieser Legislaturperiode noch zur Abstimmung bringen werden. Auch hierzu werden die übrigen Fraktionen Farbe bekennen müssen.

Es ist äußerst ärgerlich, daß ehemalige Stasi-Mitarbeiter heutzutage diejenigen verklagen, die ihre Namen nennen. Einstige Opfer, Zeitungen, Verlage, Ausstellungsmacher werden von den einstigen SED-Funktionären und Stasi-Leuten einem zunehmendem juristischen Druck ausgesetzt. Meine Damen und Herren, das darf nicht sein! Es gibt kein »Recht auf Vergessen« – wie der SPIEGEL Ende 2008 titelte. Daß der – heute anwesende – Zwickauer Pfarrer Edmund Käbisch bei seiner Schülerausstellung aufgefordert wurde, die Deck- und Klarnamen nicht mehr zu nennen und daß es Wissenschaftlern und Zeitungen so geht, finde ich skandalös. Ich möchte einem späteren Panel hier jedoch nicht vorgreifen und lediglich abschließend mein Credo wiederholen, das ich in einem Leserbrief an den SPIEGEL formuliert hatte:

»Bei der Novellierung des Stasi-Unterlagen-Gesetzes vor zwei Jahren ließ sich der Gesetzgeber von dem Gedanken leiten, daß sich ein Schlußstrich unter der Aufarbeitung des von SED und Stasi begangenen Unrechts verbietet. Und dies aus gutem Grund: Die Täter dürfen sich ihrer Schuld nicht entziehen und die Opfer haben einen Anspruch auf volle Transparenz. Diese moralische und gesellschaftliche Verantwortung stellt sich um so dringlicher vor dem Hintergrund der zunehmenden und immer dreisteren Versuche ehemaliger Stasi-Mitarbeiter, das begangene Unrecht zu relativieren. Es darf in Deutschland nie mehr eine Verharmlosung von Diktaturen, gleich welcher Couleur, geben.«[8]

---

8   Leserbrief Hans-Joachim Otto, in: SPIEGEL, 49/2008, S. 12.

Johannes Weberling

Recht auf Vergessen, medialer Pranger, Gefährdung der Resozialisierung?
Wege und Irrwege der Rechtsprechung zur Aufarbeitung des SED-Unrechts

Zur Namensnennung gegen der Willen einer Person urteilte das Kammergericht (KG) Berlin am 16. März 2007 wie folgt:

> »*Die namentliche Herausstellung einer Person im Rahmen einer berechtigten Berichterstattung setzt, weil der Betroffene für die Öffentlichkeit identifizierbar wird und er dadurch betonter und nachhaltiger der Kritik ausgesetzt wird, voraus, dass auch unter Berücksichtigung des Geheimhaltungsinteresses des Betroffenen das Informationsinteresse der Öffentlichkeit überwiegt [Nachweise]. Die Nennung des Namens einer Person (ohne deren Einwilligung) ist dann zulässig, wenn für die Mitteilung über die Person ein berechtigtes, in der Sache begründetes Interesse besteht [Nachweise].*
> *Maßgeblich kann in diesem Zusammenhang nicht sein, ob die Berichterstattung die Rücksicht auf die Persönlichkeit des Betroffenen es der Presse gebietet, mit besonderer Sorgfalt abzuwägen, ob dem Informationsinteresse nicht auch ohne Namensnennung genügt werden kann [Nachweise]. Dies bedeutet aber nicht, dass eine identifizierende Berichterstattung stets dann unzulässig ist, wenn die Berichterstattung auch ohne Namensnennung erfolgen kann. In diesem Sinne wäre – mit Ausnahme der Berichterstattung über ohnehin bereits im Licht der Öffentlichkeit stehende Personen, wie etwa Prominente – nahezu jede identifizierende Berichterstattung unzulässig, wenn nur bei Verzicht auf die Nennung des Namens der handelnden Person ein berichtenswerter Inhalt verbleibt. Dies würde die Pressefreiheit wie auch das Recht zur freien Meinungsäußerung von vornherein in unzulässiger Weise einschränken. Vielmehr ist in jedem Einzelfall zu fragen, ob über das berechtigte Interesse an dem den Gegenstand der Berichterstattung bildenden Geschehen hinaus unter Berücksichtigung des Geheimhaltungsinteresses des Betroffenen auch und wenn ja in welchem Umfang ein berechtigtes Interesse der Öffentlichkeit an der konkreten, handelnden Person besteht [Nachweise].*
> *Die Öffentlichkeit hat in solchen Fällen ein legitimes Interesse daran zu erfahren, um wen es geht und die Presse könnte durch eine anonymisierte Berichterstattung ihre meinungsbildende Aufgaben nicht erfüllen. Insoweit drückt sich die Sozialbindung des Individuums in Beschränkungen seines Persönlichkeitsschutzes aus. Denn dieser darf nicht dazu führen, Bereiche des Gemeinschaftslebens von öffentlicher Kritik und Kommunikation allein deshalb auszusperren, weil damit beteiligte Personen gegen ihren Willen ins Licht der Öffentlichkeit geraten [Nachweise].*«

Dieses Zitat stammt nicht aus diesem Urteil des KG, sondern aus dem noch nicht rechtkräftigen Urteil des Landgericht (LG) Berlin vom 5. Februar 2009, Az 27 O 1113/08, im Hauptsacheverfahren des aktuellen Lebensgefährten von Iris Berben gegen die Zeitschrift Super Illu wegen der Nennung seines Namens im Zusammenhang mit den gegen ihn erhobenen, sachlich nicht weiter bestrittenen Vorwürfe zu seiner früheren Tätigkeit als Inoffizieller Mitarbeiter (IM) des MfS.[1]

Unter jedenfalls behaupteter Zugrundelegung dieser im Einklang mit der herrschenden Rechtsprechung stehenden Ausführungen des KG folgert das LG Berlin, daß im konkreten Fall die namentliche Benennung des Lebensgefährten von Iris Berben im Kontext der Beschreibung seiner früheren IM-Tätigkeit dessen Persönlichkeitsrechte verletzt.[2] Denn die namentliche Benennung führe zu einer sozialen Ausgrenzung und Stigmatisierung des Klägers. Als Beleg dafür nennt das Gericht zur Akte gereichte Stellungnahmen von Zuschauern. Die Gerichte dürften zwar keinen Schlußstrich ziehen, so das LG Berlin. Dem Beitrag sei aber keine differenzierte Bewertung der Rolle der IM im Unterdrückungs- und Repressionssystem des MfS zu entnehmen. Der Kläger habe weder damals im Gefüge des IM-Systems, noch heute eine herausgehobene Stellung eingenommen. Er habe gegenüber der Bild-Zeitung deutlich gemacht, daß er von seiner Vergangenheit nichts mehr wissen wolle. § 32 StUG sei für den vorliegenden Fall nicht einschlägig.[3]

Mit Urteil vom 28. Januar 2009 gab das Oberlandesgericht (OLG) München (Zivilsenate Augsburg) der Berufung eines ehemaligen Stadtschulinspektors in der DDR gegen einen früheren Ausreiseantragsteller teilweise statt und verbot diesem die Behauptung, daß der Stadtschulinspektor an der Bearbeitung des Ausreiseantrages beteiligt und für die Verhinderung der schulischen Weiterbildung von dessen Tochter verantwortlich sei. Der Stadtschulinspektor habe der zuständigen Kommission unter Leitung des Kreisschulrats nicht angehört, seine Einladung zu einem Gespräch über die Eingabe der Eltern gegen die Versagung der Weiterbildung ihrer Tochter belege keine Mitverantwortung des Stadtschulinspektors an der Entscheidung.[4] Das Zusammenwirken von Partei- und Staatsgremien und die Rollenverteilung untereinander zur Sicherung des Machtanspruchs und der Machtausübung der SED nicht zuletzt im Bildungssystem der DDR[5] waren dem zuständigen Zivilsenat Augsburg des OLG München offensichtlich nicht geläufig und wurden ihm wohl auch im Verfahren nicht verdeutlicht.

---

1 Vgl. LG Berlin, Urteil vom 5. Februar 2009 – 27 O 1113/08, S. 6 f. (nicht rechtskräftig).
2 Vgl. LG Berlin, a.a.O., S. 7.
3 Vgl. LG Berlin, a.a.O., S. 8 ff.
4 Vgl. OLG München, Urteil vom 28. Januar 2009 – 27 U 633/08, S. 2, 5 ff.
5 Vgl. statt vieler: *Fischer*, Das Bildungssystem der DDR. Entwicklung, Umbruch und Neugestaltung seit 1989, Darmstadt 1992.

Beide Urteile sind typisch für einen Teil der derzeitigen juristische Auseinandersetzung mit dem Unrechtssystem der SED in der DDR. Es wird völlig zurecht mit auf den konkreten Sachverhalt zutreffender Begründung ergangene Entscheidungen Bezug genommen. Dann erfolgt aber eine Subsumtion des zu entscheidenden Sachverhalts unter die dargelegten Rechtsgrundsätze, die mangels Übereinstimmung mit den Realitäten in der DDR schon sachlich (OLG München) oder juristisch (LG Berlin) unhaltbar ist, da sie die diesbezüglichen Vorgaben der Verfassung und des Gesetzgebers schlicht ignoriert.
Die Befugnis zur Veröffentlichung der angegriffenen Äußerungen ergibt sich unmittelbar aus dem Stasi-Unterlagen-Gesetz (StUG), da sich die angegriffenen Behauptungen auf Informationen aus Stasi-Unterlagen beziehen. Nach § 32 StUG ist die Veröffentlichung personenbezogener Informationen über Mitarbeiter des Staatssicherheitsdienstes grundsätzlich zulässig. Die Veröffentlichung der Information, daß der Kläger »IM« war, wäre nur dann nicht gerechtfertigt, wenn die Information nicht der Wahrheit entspräche oder der Kläger überwiegende schutzwürdige Belange geltend gemacht hätte, die unter die Ausnahmevorschrift des § 32 Abs. 3 Sätze 2 und 3 StUG fallen könnten. Da der Kläger im vorgestellten Fall nachweislich Mitarbeiter der Staatssicherheit war, folgt die Befugnis zur Veröffentlichung der Beschreibung seiner IM-Tätigkeit unmittelbar aus § 32 Abs. 3 StUG.
Gemäß §§ 1 i.V.m. 6 StUG regelt das StUG nicht nur die Verwendung der Unterlagen durch die Bundesbeauftragte für die Unterlagen des Staatssicherheitsdienstes der ehemaligen DDR (BStU), sondern auch die Zulässigkeit sämtlicher, auf Informationen aus den Stasi-Unterlagen basierender Veröffentlichungen. § 32 Abs. 3 StUG ist deshalb in der Rechtsprechung als Schutzvorschrift gemäß § 823 Abs. 2 BGB anerkannt.[6]
Das StUG regelt als Spezialgesetz die Erfassung, Erschließung, Verwaltung und Verwendung der Unterlagen des Staatssicherheitsdienstes der ehemaligen DDR abschließend.[7] Seinem unmittelbar aus dem Einigungsvertrag folgenden verfassungsrechtlichen Auftrag[8] folgend hat der Gesetzgeber mit dem StUG einen Ausgleich zwischen dem Schutz des einzelnen vor unbefugter Verwendung seiner persönlichen Daten einerseits und der politischen, historischen und juristischen Aufarbeitung andererseits geschaffen.[9] Die

---

6   Vgl. hierzu u.a. OLG Frankfurt/Main, Urteil vom 18. Januar 1996 – 16 U 153/94, AfP 1996, 177 f.; Hanseatisches OLG Hamburg, Urteil von 29. Juli 1999 – 3 U 34/99, S. 4 ff.; *Rapp-Lücke*, in *Geiger/Klinghardt*, Stasi-Unterlagen-Gesetz, 2. Auflage 2006, § 32 StUG, Rdnr. 52.
7   Vgl. *Pietrkiewicz/Burth*, in: *Geiger/Klinghardt* (Fn. 6), § 1 StUG, Rdnr. 2 m.w.N. in Fn. 4; *Weberling*, Stasi-Unterlagen-Gesetz, Köln 1993, § 1 StUG, Rdnrn. 1 f.
8   Vgl. *Heintschel von Heinegg*, Herausgabe und Verwendung von Stasi-Unterlagen mit personenbezogenen Informationen an die Presse, AfP 2004, 505, 507.
9   Vgl. *Pietrkiewicz/Burth*, in: *Geiger/Klinghardt* (Fn. 6), § 1 StUG, Rdnr. 3.

erforderliche Grundrechtsabwägung hat also in dem vom StUG vorgegebenen Rahmen zu erfolgen. Regelungsgegenstand des StUG ist nach § 1 Abs. 1 Nr. 3 StUG insbesondere die Verwendung von Unterlagen zur Gewährleistung der historischen Aufarbeitung der Tätigkeit des Staatssicherheitsdienstes. Nach der Legaldefinition gemäß § 6 Abs. 9 StUG umfaßt der Begriff Verwendung von Unterlagen nicht zuletzt die Übermittlung von Informationen sowie die sonstige Verarbeitung und Nutzung von Informationen. Die streitgegenständlichen Äußerungen basieren unmittelbar auf aus den Stasi-Unterlagen stammenden Informationen. Die Befugnis bzw. Nichtbefugnis zur Veröffentlichung dieser Informationen richtet sich daher nach den Bestimmungen des StUG. Die Zulässigkeit der Veröffentlichung von aus den Stasi-Unterlagen stammenden personenbezogene Daten beurteilt sich ausschließlich nach den Vorschriften des StUG, im vorliegenden Fall nach § 32 Abs. 3 StUG.[10]

Das Hanseatische OLG Hamburg hat hierzu festgestellt, daß eine von dieser Vorschrift gebilligte Veröffentlichung personenbezogener Informationen »ohne das Hinzutreten weiterer Umstände nicht widerrechtlich sein« könne.[11] § 32 Abs. 3 StUG belegt das überragende Interesse der Allgemeinheit an einer Veröffentlichung, weshalb die von Art. 5 Abs. 1 GG geschützte Meinungs- und Informationsfreiheit vorgeht.

Das StUG unterscheidet im Hinblick auf die Zulässigkeit der Veröffentlichung von Informationen ausdrücklich nicht nach dem Wahrheitsgehalt der Informationen. Der Wahrheitsgehalt der veröffentlichten Daten muß daher im Rahmen der nach § 32 Abs. 3 Satz 2 StUG vorzunehmenden Abwägung berücksichtigt werden.[12] Ist also die Behauptung nachweisbar wahr, können sich die Mitarbeiter des ehemaligen Staatssicherheitsdienstes nach der Wertung des § 32 Abs. 3 Nr. 2 StUG nicht ohne Weiteres auf schutzwürdige Interessen berufen, sondern sie müssen solche besonderen Belange geltend machen, die das generelle nach dem StUG gewährleistete Informationsinteresse der Allgemeinheit überwiegen.[13]

Im vom LG Berlin entschiedenen Fall ist die Tätigkeit des Klägers für das MfS nachweisbar wahr. Der Kläger seinerseits macht keine »überwiegenden schutzwürdigen« Belange geltend. Das LG Berlin begründet seine Auffassung auch nur mit der pauschalen Auffassung, die namentliche Nennung des Klägers als IM führe zu sozialer Ausgrenzung und Stigmatisierung.

---

10 Vgl. *Pietrkiewicz/Burth*, in: *Geiger/Klinghard* (Fn. 6), § 1 StUG, Rdnr. 3.
11 Vgl. Hanseatisches OLG Hamburg, Urteil von 29. Juli 1999 – 3 U 34/99, S. 6. Ebenso *Starke*, Unrecht beim Namen nennen, AfP 2008, 354, 355 f.
12 Vgl. hierzu insbesondere OLG Frankfurt, Urteil vom 18. Januar 1996 – 16 U 153/94, AfP 1996, 177, 178 ff.
13 Vgl. OLG Frankfurt, AfP 1996, 177, 178 f.

Nach dem Willen des Gesetzgebers sind diese Kriterien für die nach § 32 Abs. 3 StUG vorzunehmende Abwägung unbeachtlich. Denn der Gesetzgeber hat die personenbezogenen Daten der Mitarbeiter des MfS dem besonderen Schutz des Gesetzes gerade entzogen, indem er die Veröffentlichung dieser Daten in § 32 Abs. 3 Nr. 2 StUG in der Regel für zulässig erklärt hat. Diese generelle Zulässigkeit der Veröffentlichung liefe gänzlich ins Leere, wenn die Veröffentlichung schon mit der Behauptung einer allgemeinen Rufschädigung unterbunden werden könnte. Die Konsequenz wäre ansonsten, wie das Urteil des LG Berlin belegt, daß praktisch jede Veröffentlichung verhindert und das vom Gesetz statuierte Regel-Ausnahme-Verhältnis ins Gegenteil verkehrt wird. Ohne das Hinzutreten weiterer Umstände ist eine vom Gesetzgeber nach § 32 StUG gebilligte Veröffentlichung aber nicht widerrechtlich.[14]

Gestattet das StUG aufgrund der nach § 32 Abs. 3 StUG vorzunehmenden Abwägung wegen des generell überwiegenden Informationsinteresses der Öffentlichkeit die Veröffentlichung von Stasi-Informationen, kann sich ein Unterlassungsanspruch nur noch aus den allgemeinen Vorschriften der §§ 823 Abs. 2, 1004 Abs. 1 Satz 2 BGB i. V. m. §§ 186, 185 StGB ergeben.[15] Für den strafrechtlichen Ehrenschutz kommt es aber gerade entscheidend auf die Unwahrheit der Behauptung an. Entsprechend hat das Hanseatische OLG Hamburg einen Unterlassungsanspruch nur in Verbindung mit § 186 StGB für begründet erachtet, weil die angegriffene Äußerung »als unwahr zu gelten« habe.[16] Wahre Tatsachenbehauptungen sind dagegen in der Regel hinzunehmen.

Es kann dahinstehen, ob die Regelungen in §§ 823 Abs. 2 BGB i.V.m. 32 Abs. 3 StUG die Geltendmachung eines Unterlassungsanspruchs wegen der Verletzung des allgemeinen Persönlichkeitsrechts gemäß §§ 823 Abs. 1, 1004 BGB i.V.m. Art. 1, 2 GG ausschließt.[17] Denn wegen der bloßen Konfrontation mit wahren Tatsachenbehauptungen besteht auch kein Unterlassungsanspruch nach §§ 823 Abs.1, 1004 BGB in Verbindung mit Art. 1, 2 GG wegen der Verletzung des allgemeinen Persönlichkeitsrechts. Zwar bleibt es grundsätzlich jedem selbst überlassen, wie er in der Öffentlichkeit erscheinen will. Das bedeutet aber nicht, daß er auch stets in seinem Persönlichkeitsrecht verletzt ist, wenn er die Veröffentlichung von Einzelheiten aus seiner Individualsphäre nicht wünscht. Der Bundesgerichtshof (BGH) hat ausdrücklich klargestellt, daß Äußerungen zur Sozialsphäre einer Person, über die berichtet wird, nur im Falle schwerwiegender Auswirkungen auf das Persönlichkeitsrecht

---

14 Vgl. Hanseatisches OLG Hamburg, Urteil von 29. Juli 1999 – 3 U 34/99, S. 6. Ebenso *Starke* (Fn. 11), AfP 2008, 354, 355 f.
15 Vgl. OLG Frankfurt, Urteil vom 18. Januar 1996 – 16 U 170/94, AfP 1996, 177, 179 f.
16 Vgl. Hanseatisches OLG Hamburg, Urteil vom 10. Januar 2006 – 7 U 3/05.
17 Vgl. *Sprau*, in: *Palandt*, BGB, 68. Auflage 2009, Einf. V. § 823 BGB. Rdnr. 4.

dieser Person wie etwa einer Stigmatisierung, sozialen Ausgrenzung oder Prangerwirkung sanktioniert werden. Tritt aber

> »*der Einzelne als ein in der Gemeinschaft lebender Bürger in Kommunikation mit anderen, wirkt er durch sein Verhalten auf andere ein und berührt er dadurch die persönliche Sphäre von Mitmenschen oder Belange des Gemeinschaftslebens, dann ergibt sich aufgrund des Sozialbezuges nach ständiger Rechtsprechung des Bundesverfassungsgerichts eine Einschränkung des Bestimmungsrechts desjenigen, über den berichtet wird* [Nachweise].
> *Der erkennende Senat hat für eine Berichterstattung über die berufliche Sphäre des Betroffenen klargestellt, dass der Einzelne sich in diesem Bereich von vornherein auf die Beobachtung seines Verhaltens durch eine breitere Öffentlichkeit wegen der Wirkungen, die seine Tätigkeit hier für andere hat, einstellen muss* [Nachweise]. *Zu einer solchen Kritik gehört auch die Namensnennung. Die Öffentlichkeit hat in solchen Fällen ein legitimes Interesse daran zu erfahren, um wen es geht und die Presse könnte durch eine anonymisierte Berichterstattung ihre meinungsbildenden Aufgaben nicht erfüllen. Insoweit drückt sich die Sozialbindung des Individuums in Beschränkungen seines Persönlichkeitsschutzes aus. Denn dieser darf nicht dazu führen, Bereiche des Gemeinschaftslebens von öffentlicher Kritik und Kommunikation allein deshalb auszusperren, weil damit beteiligte Personen gegen ihren Willen ins Licht der Öffentlichkeit geraten* [Nachweise]«.[18]

Aufgrund der Wertungen des StUG müssen auch hier zur Begründung eines Unterlassungsanspruchs besonders schutzwürdige Belange des Klägers hinzutreten.[19]
Hinzu kommt daß die Aufarbeitung des SED-Unrechts nicht nur auf einer Entscheidung des deutschen Gesetzgebers beruht, sondern auch Bestandteil des Einigungsvertrags ist. Das Wiedervereinigungsgebot ist als integraler Bestandteil des Grundgesetzes bis 1990 nicht durch den Beitritt der DDR zur Bundesrepublik Deutschland verbraucht, sondern wirkt in Gestalt des Einigungsvertrags fort. Die Aufarbeitung des SED-Unrechts ist deshalb ein besonderes öffentliches Interesse, das mit einer im Vergleich zur Entscheidung des einfachen Gesetzgebers erhöhten verfassungsrechtlich abgesicherten Geltungskraft ausgestattet ist, was im Rahmen der Abwägung ebenso zu berücksichtigen ist, wie im Rahmen der Verhältnismäßigkeit.[20] Das LG Berlin verkennt ebenso wie das OLG München und andere Gerichte[21] schlicht die Entscheidung des Gesetzgebers, der im Zusammenhang mit der Verabschiedung der 7. Novelle des Stasi-Unterlagen-Gesetzes (StUG) seine damalige Intention bei der Verabschiedung des StUG 1991 in Erfüllung des Aufarbei-

---

18 Vgl. BGH, Urteil vom 21. November 2006 – VI ZR 259/05, AfP 2007, 44 ff.
19 Vgl. Hanseatisches OLG Hamburg, Urteil von 29. Juli 1999 – 3 U 34/99, S. 6.
20 Vgl. *Heintschel von Heinegg* (Fn. 8), AfP 2004, 505, 507 m. w. N.
21 So. z.B. Landgericht Zwickau, Beschluß vom 6. März 2008, Az 2 O 241/08, S. 3 ff. (siehe zum weiteren Verfahrensverlauf und vergleichbaren Fällen auch *Starke* (Fn. 11), AfP 2008, 354 f.).

tungsgebots des Einigungsvertrages noch einmal betonte. So stellte der Vizepräsident des Deutschen Bundestages, Dr. Wolfgang Thierse MdB, am Ende der Plenardebatte wörtlich fest:

> »*Was wollte nun der Gesetzgeber 1991? Was war unsere Intention? Ich erinnere mich sehr genau daran, weil ich damals an den Debatten schon teilgenommen habe. Es ging erstens darum, dem Unrechtsregime der Stasi, der SED beizukommen,* **Aufklärung** *zu erreichen. [...]*
> *Wir erweitern mit diesem Gesetz den Zugang zu den Stasihinterlassenschaften für Wissenschaftler, Medienvertreter und Journalisten. Der* **Forschungszweck***, für den Stasiunterlagen künftig herausgegeben werden können, ist nicht mehr nur die Stasitätigkeit im engeren Sinne, sondern auch die Erforschung der Herrschaftsmechanismen der DDR, also das politische System insgesamt. Zugleich sollen leichter als bisher auch Unterlagen mit personenbezogenen Informationen zugänglich werden. Hier geht es darum, eine Gleichstellung zwischen der behördeninternen und der behördenexternen Forschung zu erreichen. Da gab es bisher eine grobe Benachteiligung von Forschung außerhalb der Behörde.*
> *Beides dient unserem gemeinsamen Anliegen: der wissenschaftlichen, öffentlichen, politisch-moralischen Aufarbeitung und Auseinandersetzung mit der Stasi und der DDR-Geschichte. Sie soll weitergehen. Dieses Novellierungsgesetz ist alles andere als ein Schlussstrich unter die Aufarbeitung der SED- und DDR-Vergangenheit.*«[22]

In Anbetracht einzelner nur schwer nachvollziehbarer gerichtlicher Entscheidungen stellt der Gesetzgeber auf ausdrückliche Bitte der Sachverständigen in der Anhörung des Ausschusses für Kultur und Medien des Deutschen Bundestages zur Gesetzesnovelle am 25. Oktober 2006 zur Frage, inwieweit einem Menschen Stasitätigkeiten noch arbeitsrechtlich vorgehalten werden können, in der Begründung der Novelle ausdrücklich wörtlich fest:

> »*Ob und inwieweit jemandem seine frühere Tätigkeit für den Staatssicherheitsdienst in arbeits- oder dienstrechtlichen Rechtsverhältnissen vorgehalten werden kann, ist im Einzelfall zu prüfen. Die im öffentlichen Interesse erfolgende publizistische und wissenschaftliche Aufarbeitung der Tätigkeit des Staatssicherheitsdienstes nach §§ 32 bis 34 StUG bleibt davon unberührt.*«[23]

Das Bundesverfassungsgericht (BVerfG) hat zwar auch bei wahren Berichten ausnahmsweise Belangen des Persönlichkeitsrechts den Vorrang eingeräumt, insbesondere im »Lebach I«-Urteil dem Resozialisierungsanliegen des Betroffenen. Im vorliegenden und vergleichbaren Fällen geht es aber schon nicht um Resozialisierungsaspekte des Klägers, da der Kläger kein verurteilter Straftäter ist, der seine Strafe abgesessen und dementsprechend Anspruch darauf hat, wieder als »normales Mitglied« in der Gesellschaft leben zu kön-

---

22 Vgl. Deutscher Bundestag, Plenarprotokoll 16/70, S. 6966 f.
23 Vgl. Bundestagsdrucksache 16/3638 vom 29. November 2006, S. 15.

nen. Das LG Berlin kommt unter behaupteter Zugrundelegung der späteren Entscheidung des BVerfG zur »IM-Liste«[24] zu dem Ergebnis, daß die streitgegenständliche Veröffentlichung den aktuellen Lebensgefährten von Frau Berben aus der Masse der inoffiziellen Mitarbeiter des MfS individuell heraushebe und in den Vordergrund stelle, was zu seiner sozialen Ausgrenzung und Stigmatisierung führe, und dem Beitrag auch keine differenzierte Bewertung der Rolle der IM im Unterdrückungs- und Repressionssystem des MfS zu entnehmen sei, zumal der Kläger weder damals im Gefüge des IM-Systems, noch heute eine herausgehobene Stellung eingenommen und zudem gegenüber der Bild-Zeitung deutlich gemacht habe, daß er von der Angelegenheit nichts mehr wissen will. Diese Ausführungen entsprechen der oben bereits kritisierten, juristisch unhaltbaren Vorgehensweise.

Denn das BVerfG stellt in dieser Entscheidung unmißverständlich fest, daß es nicht die Aufgabe staatlicher Gerichte sei, einen Schlußstrich unter die Aufarbeitung zu ziehen bzw. eine Debatte für beendet zu erklären, und sich der Schutz des Grundrechts der Meinungsfreiheit sowohl auf den Inhalt, als auch auf die Form der Äußerung bezieht. Die Behauptung, eine bestimmte Person sei IM gewesen, führe für sich genommen nicht zu einer nachhaltig ausgrenzenden Isolierung:

> »*Es ist schließlich auch nicht ersichtlich, dass die Unterstellung einer inoffiziellen Mitarbeit beim MfS in gleicher Weise zu einem Entzug sozialer Anerkennung oder einer »Abstempelung« führt wie etwa die Behauptung, eine Person habe die eigenen Kinder sexuell mißbraucht [Nachweise]. Die Tätigkeit als inoffizieller Mitarbeiter des MfS ist für sich genommen strafrechtlich irrelevant. Vor allem aber wird die Rolle der inoffiziellen Mitarbeiter mittlerweile durchaus differenziert bewertet. Es ist im Zuge der Forschung nach 1989/1990 bekannt geworden, dass die inoffiziellen Mitarbeiter im Unterdrückungs- und Repressionssystem des MfS über keine eigene Macht verfügten, sondern weitgehend von ihren Führungsoffizieren abhängig waren [Nachweise]. Unter diesen Umständen kann man jedenfalls nicht ohne nähere Feststellungen davon ausgehen, dass allein der Umstand, dass eine Person als inoffizieller Mitarbeiter bezeichnet wird, zu sozialer Ausgrenzung und Stigmatisierung führt.*«[25]

Als Beleg für die *nachhaltige* Beeinträchtigung der Persönlichkeitsentfaltung des aktuellen Lebensgefährten von Frau Berben reichen also ein paar zur Akte gereichte drastische Zuschaueräußerungen nicht aus, zumal sich das Gericht über positive Äußerungen bezeichnender Weise nicht äußert.

Die genannten Entscheidungen des LG Berlin und anderer Gerichte stehen zwar nicht allein. Da sich in Beiträgen mit ihrem Namen genannte ehemalige Mitarbeiter des Staatssicherheitsdienstes gemäß § 32 ZPO insbesondere bei

---

24   Vgl. BVerfG, NJW 2000, 2413, 2414 – »IM-Liste«.
25   Vgl. BVerfG, NJW 2000, 2413, 2414 – »IM-Liste«.

einer Verbreitung von Beiträgen im Internet den Gerichtsstand im Bundesgebiet aussuchen können, sind sie aber von besonderer Brisanz für die Zukunft der Aufarbeitung, sofern sie bestandskräftig werden sollten. Andere Gerichte urteilen hinsichtlich der Problematik der Namensnennung ehemaliger Verantwortlicher des SED-Regimes bzw. ehemaliger Mitarbeiter des Staatssicherheitsdienstes wesentlich differenzierter und sachgerechter.

So bestand nach Auffassung des LG Köln ein berechtigtes Informationsinteresse der Öffentlichkeit an der Berichterstattung über die Tätigkeit eines ehemaligen IM als herausgehobener Mitarbeiter bei der Gazprom Germania GmbH angesichts der Bedeutung dieses Unternehmens für die deutsche Gasversorgung und seiner sonstigen Aktivitäten auf dem deutschen Markt, nicht zuletzt als Hauptsponsor des Fußballvereins Schalke 04:

> »*An der Aufarbeitung des durch das MfS errichteten Systems der Überwachung der Bevölkerung, das einen zentralen Bestandteil des totalitären Machtapparats der DDR bildete [Nachweise], besteht auch 18 Jahre nach der deutschen Wiedervereinigung ein erhebliches öffentliches Interesse. Der Zeitabstand zwischen einer Äußerung und ihrem Gegenstand schränkt nämlich zum einen die durch Art. 5 Abs. 1 GG gewährleistete Freiheit des Einzelnen selbst zu entscheiden, zu welchen Gegenständen er sich öffentlich äußert, nicht ein. Insoweit ist es nicht Aufgabe staatlicher Gerichte, einen Schlußstrich unter eine Diskussion zu ziehen [Nachweise]. Zum anderen können Veröffentlichungen über die IM-Tätigkeit nach wie vor dazu beitragen, der Öffentlichkeit ein Bild davon zu vermitteln, in welchem Ausmaß die Bevölkerung der DDR von ihrer eigenen Regierung mit nachrichtendienstlichen Mitteln ausgeforscht wurde und so zur Aufarbeitung dieser jüngeren Vergangenheit beitragen. .....*
>
> *Demgegenüber muss das durch Art. 1, 2 Abs. 1 GG grundrechtlich geschützte Interesse des Verfügungsklägers daran, von öffentlicher Berichterstattung verschont zu bleiben, zurücktreten. Im Rahmen der beruflichen Tätigkeit genießt das persönliche Interesse daran, nicht der Öffentlichkeit vorgestellt zu werden, einen geringeren Schutz als im häuslichen Bereich [Nachweise]; der Einzelne muss sich grundsätzlich auf eine Beobachtung seines Verhaltens durch eine breitere Öffentlichkeit wegen der Wirkungen, die seine Tätigkeit für andere hat, einstellen [Nachweise]. Äußerungen zu der Sozialsphäre desjenigen, über den berichtet wird, dürfen daher grundsätzlich nur im Falle schwer wiegender Persönlichkeitsverletzungen untersagt werden [Nachweise].*
>
> *Solche schwer wiegenden Persönlichkeitsverletzungen sind nicht gegeben. Dabei verkennt die Kammer nicht, dass die Behauptung, jemand habe als Inoffizieller Mitarbeiter für das MfS gearbeitet, diese Person in ihrer Redlichkeit und persönlichen Integrität diskreditiert, weil sie mit dem vom MfS ausgehenden Unrecht gleichsam identifiziert wird [Nachweise]. Zu Lasten des Verfügungsklägers wirkt sich aber aus, dass die Vorwürfe zutreffend sind und für sie – wie soeben dargelegt – ein aktueller Berichtsanlaß bestand. Eine Stigmatisierung oder Prangerwirkung für den Verfügungskläger ist hiermit nicht verbunden, da sich der Bericht nicht ausschließlich mit dem Verfügungskläger befasst, sondern die gegen ihn erhobenen Vorwürfe in einen Kontext mit weiteren (früheren) MfS-Verflechtungen führender Mitarbeiter stellt. Des Weiteren ist zu berücksichtigen, dass Gegenstand*

des Artikels die berufliche Tätigkeit des Verfügungsklägers ist und er sich in dieser Eigenschaft öffentlicher Kritik grundsätzlich stellen muss. Dass sich der Verfügungskläger – wie er vorträgt – in seinem Beruf nicht der Öffentlichkeit zugewandt habe und nicht öffentlichkeitswirksam aufgetreten sei, spricht nicht gegen diese Annahme. Denn bereits seine herausgehobene Position direkt unter der Ebene der Geschäftsführung eines bedeutenden Unternehmens, die auf der Webseite des Unternehmens auch so dargestellt war, lässt eine etwaige selbstgewählte Anonymität als weniger schützenswert erscheinen. .....

Nach Auffassung der Kammer rechtfertigen all diese Gesichtspunkte zusammengenommen nicht nur die Berichterstattung überhaupt, sondern auch diejenige unter der Nennung des Namens des Verfügungsklägers. Entscheidend hierfür ist zunächst, dass im Falle eines öffentlichen Interesses an bestimmten Vorgängen, wie es hier gegeben ist, die Presse durch eine anonymisierte Berichterstattung ihre meinungsbildenden Aufgaben nicht erfüllen könnte [Nachweise]. Eine anonymisierte Berichterstattung scheidet in der vorliegenden Konstellation als milderes Mittel aber auch deswegen aus, weil sie die Beeinträchtigung der Rechte und Rechtsgüter unbeteiligter Dritter mit sich brächte. Hätte die Verfügungsbeklagte auf die Nennung des Namens des Verfügungsklägers verzichtet, wäre ihr unter Wahrung der Anonymität des Verfügungsklägers nur eine Formulierung der Art »Eine Führungskraft der Gazprom Germania ist früherer inoffizieller Mitarbeiter« möglich gewesen, wie es etwa zu Anfang des streitgegenständlichen Artikels sinngemäß heißt. Hierdurch wäre aber – unter Anwendung der anerkannten strafrechtlichen Grundsätze zur Kollektivbeleidigung – diejenigen Führungskräfte der Gazprom Germania GmbH, die nicht für das MfS tätig waren, in ihrer Ehre getroffen gewesen [Nachweise].«[26]

Vergleichbare Entscheidungen, die das Persönlichkeitsrecht des Täters mit dem öffentlichen Interesse hinsichtlich der Namensnennung des Täters differenziert abgewogen und auf der Basis des konkreten Sachverhalts das Überwiegen des öffentlichen Interesses an der namentlichen Nennung des Täters bejaht haben, fällten das LG Frankfurt (Oder) und das LG München I.[27]

Der Präsident des BVerfG, Prof. Dr. Dr. Hans-Jürgen Papier, einer der drei Richter der »IM-Listen«-Entscheidung des BVerfG,[28] plädierte in einer Rede vor dem Thüringer Landtag am 24. April 2009 dafür, aus der Geschichte zu lernen:

»Was nach dem Ende des nationalsozialistischen Regimes anfangs so schwer fiel, nämlich die Mißstände und die für sie Verantwortlichen beim Namen zu nennen, das sollte uns den rechten Umgang mit dem Unrecht des SED-Staates lehren. Immerhin hatten die Opfer dieses Regimes oft den schwereren Start in die deutsche Einheit, denn anders als den Tätern hatte ihnen eine gute Ausbildung nicht offen gestanden.

---

26 Vgl. LG Köln, Urteil vom 21. Dezember 2007 – 28 O 446/07, S. 10 ff. (rechtskräftig).
27 Vgl. LG Frankfurt (Oder), Urteil vom 21. Oktober 2005 – 17 O 174/05, AfP 2006, 272 f. (rechtskräftig); LG München I, Urteil vom 15. April 2009 – 9 O 1277/09 (nicht rechtskräftig).
28 BVerfG, NJW 2000, 2413, 2414 – »IM-Liste«.

> *Warnen möchte ich in diesem Zusammenhang vor einer vorschnellen Übertragung der Grundsätze des Lebach-Urteils des Bundesverfassungsgerichts aus dem Jahre 1973 auf die Aufarbeitung der SED-Diktatur. Das Gericht hatte damals über die Fernseh-Ausstrahlung eines Dokumentarspiels über einen aufsehenerregenden Raubmord zu befinden. Der Beschwerdeführer der Verfassungsbeschwerde, ein Tatgehilfe, stand zum Zeitpunkt der geplanten Ausstrahlung des Fernsehspiels kurz vor seiner Entlassung aus der Strafhaft. Das Bundesverfassungsgericht hat in diesem Fall dem allgemeinen Persönlichkeitsrecht des Beschwerdeführers, konkret: seinem Resozialisierungsinteresse, Vorrang vor der Rundfunkfreiheit eingeräumt. Offensichtlich trifft diese Konstellation im Fall der Mitarbeiter des MfS und der Beschäftigung der Opfer des SED-Regimes mit ihrer eigenen Ausspionierung aus mehreren Gründen überhaupt nicht zu. Durch die vorschnelle Übertragung des Lebach-Urteils droht eine Paralysierung von Stasi-Opfern, Medien und Wissenschaft, deren individuelle und gesellschaftliche Kosten man nicht hoch genug einschätzen kann.«[29]*

Jedenfalls bei fundierten publizistischen Beiträgen zur Aufarbeitung des SED-Unrechts ist es daher geboten, Irrwege der Instanzrechtsprechung nicht hinzunehmen. Angesichts der krassen Wissensdefizite über den Unrechtsstaat DDR insbesondere bei den nachwachsenden Generationen ist die Aufarbeitung der SED-Diktatur ebenso wie die des NS-Regimes und die Befassung mit den jeweils verantwortlichen Menschen unerläßlich, wenn sich die Geschichte nicht wiederholen soll. Denn

> *»Die sich des Vergangenen nicht erinnern, sind dazu verurteilt, es selbst noch einmal zu erleben.«*[30]

---

29 Vgl. *Papier*, Recht und Freiheit. 60 Jahre Grundgesetz – 20 Jahre friedliche Revolution, S. 4 f.
30 George Santayana (1863 – 1952).

Wolfram Pyta

Der Umgang mit namentlicher Nennung von NS-Tätern in Bundesrepublik Deutschland

I.

Wie ging man in der Bundesrepublik mit den Namen von Personen um, die beschuldigt wurden, NS – Verbrechen begangen zu haben? Diese im Zentrum des vorliegenden Beitrags stehende Frage zerfällt in zwei Teile. Die rein juristische Seite dieses Themas widmet sich dem Problem der rechtlichen Restriktionen, denen die Justiz unterworfen war, wenn sie die Namen rechtskräftig Verurteilter veröffentlichen ließ. Hiervon ist systematisch zu unterscheiden die Art und Weise, wie die Medien über Verfahrensbeteiligte berichten, denen eine Beteiligung an NS – Verbrechen vorgeworfen wurde. Einen Sonderfall bilden schließlich solche Fälle, in denen Personen in das Visier der Öffentlichkeit gerieten, die sich wegen solcher Taten zwar nicht strafrechtlich zu verantworten hatten, denen aber eine moralische Verantwortung zur Last gelegt wurde.

Kein Zweifel kann daran bestehen, daß die bundesdeutsche Justiz in den 1950er Jahren nur sehr zögerlich mit strafrechtlichen Mitteln gegen die unzähligen Personen ermittelte, die als Mitglieder von Einsatzgruppen, Wachmannschaften oder in anderer Funktion an der Ermordung von Millionen von Menschen beteiligt waren, die gemäß nationalsozialistischer Definition kein Lebensrecht besaßen. Die von den alliierten Siegermächten durchgeführten Prozesse gegen die Hauptkriegsverbrecher hatten nicht zuletzt in der westdeutschen Justiz dem bequemen Eindruck der Unzuständigkeit für NS – Täterkreise Vorschub geleistet: In der Öffentlichkeit dominierte die Auffassung, die Hauptkriegsverbrecher seien von den Alliierten abgeurteilt worden, so daß nur noch weniger Belastete übrig geblieben seien, die keiner besonderen strafrechtlichen Aufmerksamkeit mehr bedürften. Man solle statt unfruchtbaren Rührens in der Vergangenheit besser einen Schlußstrich unter die unselige Zeit des »Dritten Reiches« ziehen und die Vergangenheit stillschweigend entsorgen.[1]

---

1 Hierzu grundlegend Annette Weinke: Eine Gesellschaft ermittelt gegen sich selbst. Die Geschichte der Zentralen Stelle Ludwigsburg 1958 – 2008, Darmstadt 2008, vor allem S. 39; Marc von Miquel: Ahnden oder amnestieren? Westdeutsche Justiz und Vergangenheitspolitik in den sechziger Jahren, Göttingen 2004, S. 23 – 70; Jörg Requate: Der Kampf um die Demokratisierung der Justiz, Frankfurt 2008, S. 28 – 71.

Ende der 1950er Jahre offenbarte sich jedoch ein allmählicher Wandel im Umgang mit bislang unentdeckten NS – Tätern, der auf tiefgreifende kulturelle Transformationsprozesse hindeutet. Die gestiegene öffentliche und politische Sensibilität für die NS – Vergangenheit besaß auch erhebliche Implikationen für die strafrechtliche Ermittlung gegen die vielen Deutschen, die etwa als Mitglieder von SS- Einsatzgruppen oder Polizeibataillonen an der Ermordung jüdischer Menschen in der westlichen Sowjetunion beteiligt waren, und sich mittlerweile als gut integrierte Mitbürger in der bundesdeutschen Gesellschaft etabliert hatten. Die Justiz schuf dazu im Dezember 1958 mit der »Zentralen Stelle der Landesjustizverwaltungen« eine institutionelle Voraussetzung, um die Vorermittlungen gegen mögliche NS – Täter zu zentralisieren.[2] Diese Professionalisierung der juristischen Ermittlungsarbeit trug auch insofern Früchte, als seit 1959 eine Fülle von Verfahren gegen ganz gewöhnliche Deutsche eröffnet wurde, die keineswegs als prominente »Personen der Zeitgeschichte« zu gelten hatten. Seit 1958 wurde gegen etwa 50.000 Deutsche wegen NS – Verbrechen ermittelt[3]; und allein die Nervosität und Hektik, welche diese Verfahren unter denjenigen auslösten, die sich bislang in Sicherheit gewogen hatten, verdeutlicht die politische Signalwirkung dessen, was in einschlägigen Kreisen als »Ludwigsburger Verfolgungswelle« bezeichnet wurde.[4]

Gewiß stehen im historischen Rückblick Ermittlungsaufwand und die Zahl der tatsächlich verurteilten Täter in einem gewissen Mißverhältnis: Bis 1998 wurde gegen 106 496 Personen ein Verfahren vor Gericht wegen NS – Verbrechen eingeleitet; die Zahl der Verurteilten beläuft sich auf 6495, davon 150 zu lebenslänglicher Freiheitsstrafe.[5] Doch man darf die Arbeit der Justizbehörden nicht allein an den nackten Zahlen der Verurteilten messen. Bedeutsamer sind die kulturellen und politischen Auswirkungen einer intensivierten und professionalisierten juristischen Ermittlungsarbeit gegen diese Personengruppe. Hier dürfte die berechtigte Vermutung nicht von der Hand zu weisen sein, daß die Arbeit der Justiz als Katalysator für einen seit den frühen 1960er Jahren mit den Händen zu greifenden Einstellungswandel fungierte: Statt das peinliche Thema der Verstrickung so vieler Landsleute in den NS – Vernichtungsapparat durch Passivität und Desinteresse zu beschweigen und damit politisch zu marginalisieren, reifte in der bundesdeutschen Öffentlichkeit eine Einstellung heran, die solchen bohrenden Fragen nicht auswich und sie öffentlich thematisierte.[6]

---

2   Vgl. Weinke, ebd., S. 20 – 28.
3   Zahlenangaben nach Ulrich Herbert: Best. Biographische Studien über Radikalismus, Weltanschauung und Vernunft, 1903 – 1989, Bonn 1996, S. 497.
4   Ebd., S. 492 – 501, Zitat S. 494.
5   Angaben nach Miquel (wie Anm. 1), S. 7.
6   Vgl. Weinke (wie Anm. 1), S. 167 – 171.

II.

Die bundesdeutsche Gesellschaft stellte sich nach einer gewissen Anlaufzeit der unangenehmen Tatsache, daß sich in ihren Reihen noch viele unentdeckte Täter befanden; und war es dann nicht naheliegend, daß man diesen Personen – wenn sie dann vor Gericht gestellt wurden – auch ins Gesicht blicken wollte, daß man der Tat nicht nur ein Gesicht, sondern auch einen Namen zuordnen wollte?

Die Justiz stellte hierfür mit dem Gerichtssaal ein öffentliches Forum zur Verfügung, auf dem wegen NS – Verbrechen Angeklagte sich in einem Strafprozeß zu verantworten hatten. Die vornehmste Aufgabe der Rechtsprechung bestand nicht darin, nach Urteilsverkündung durch eine massenhafte Verbreitung der Urteile die Namen der Verurteilten publik zu machen. Bei der Distribution der Urteile mußte zudem von Anfang an Rücksicht genommen werden auf Vorgaben der Landesjustizverwaltungen und des Bundesministeriums der Justiz. Als der Amsterdamer Strafrechtslehrer C. F. Rüter seit Mitte der 1960er Jahre daran ging, die Urteile aller seit 1945 rechtskräftig abgeschlossenen Verfahren westdeutscher Gerichte wegen nationalsozialistischer Tötungsverbrechen zu dokumentieren und sie damit der Forschung zugänglich zu machen, mußte er sich ständig verschärfende Auflagen in Hinsicht auf den Persönlichkeitsschutz der Verfahrensbeteiligten beachten. Die ersten 22 Bände seiner Urteilssammlung, welche den Zeitraum von 1945 bis 1965 umfaßte, enthielten noch ungekürzt die Namen aller Angeklagten, die zu einer Zuchthausstrafe oder (bis 1949) zum Tode verurteilt worden waren. Mit Namenskürzeln tauchten hingegen solche Personen auf, die entweder freigesprochen oder zu einer Freiheitsstrafe verurteilt worden waren, die unterhalb der Schwelle einer Zuchthausstrafe lag.[7]

Als Rüter sein verdienstvolles Projekt ab dem Jahre 1998 weiterführte und die seit dem 1. Januar 1966 ergangenen Strafurteile in seine Sammlung aufnahm, mußte er restriktiver bei der Wiedergabe der Namen verfahren. Die ihm aufgetragenen Auflagen verpflichteten ihn dazu, nur noch zu lebenslanger Freiheitsstrafe Verurteilte mit vollem Namen wiedergeben zu dürfen; bei allen anderen Verfahrensbeteiligten mußte der Familienname durch den Anfangsbuchstaben abgekürzt werden. Diese Änderung hing mit der Ausdehnung des Schutzes von Persönlichkeitsrechten von Verurteilten zusammen, wie sie sich aus dem Bundeszentralregistergesetz von 1971 ergaben.

Unberührt sind von dieser Praxis lediglich Personen der Zeitgeschichte sowie solche Verurteilten, die bereits in den ersten 22 Bänden mit voller Namens-

---

7   »Vorwort«, in: Adelheid L. Rüter – Ehlermann/ C. F. Rüter (Bearb.): Justiz und NS – Verbrechen. Sammlung deutscher Strafurteile wegen nationalsozialistischer Tötungsverbrechen 1945 – 1966, Bd. 1, Amsterdam 1968, VII.

nennung auftauchten.[8] Allerdings drängt sich der Eindruck auf, daß die Definition derer, die als »Personen der Zeitgeschichte« zu bezeichnen sind, ebenfalls einer zunehmend restriktiveren Lesart zu folgen hatte. Nur bei Personen, die sich eines derartigen Bekanntheitsgrades erfreuten, daß ihre Qualifizierung als »Personen der Zeitgeschichte« außer Frage stand, scheint es keine Einschränkung bei der Namensnennung gegeben zu haben. Dies betrifft etwa Walter Ulbricht, der in einem DDR – Verfahren als Zeuge auftrat. Der im weiteren Verlauf dieses Beitrags noch näher vorzustellende Werner Best, der überaus häufig als Entlastungszeuge auftrat, ist hingegen in dieser Funktion immer anonymisiert worden.[9]

Die behördlich verordnete Anonymisierung der Namen der meisten wegen nationalsozialistischer Tötungsverbrechen Verurteilten bezieht sich allerdings nur auf die nachträglich zu Forschungszwecken vorgenommene Sammlung entsprechender Gerichtsurteile. Für den öffentlichen Umgang mit Angeklagten – und dies ist für unsere Fragestellung entscheidend – galten solche Restriktionen nicht, da die Angeklagten sich in der öffentlichen Hauptverhandlung nicht in den Schutz der Anonymität flüchten konnten.

Sofern Pressevertreter oder andere Medienvertreter anwesend waren, die über solche Prozesse berichteten, mußten sie sich keine Zurückhaltung auferlegen und konnten die Angeklagten namentlich den ihnen vorgeworfenen Taten zurechnen. Hier scheint es auch ausweislich einer Musterung von deutschen Pressemeldungen seit dem Jahre 1963[10] keine Akzentverschiebungen gegeben zu haben: die Namen von mutmaßlichen NS – Verbrechern wurden durch die Presse publik gemacht, wenn diese vor Gericht standen.Erst durch eine intensive Presseberichterstattung entstand ein vielschichtiges und sich im Laufe der Zeit wandelndes Bild von ›typischen‹ NS – Tätern, das untrennbar damit verknüpft war, daß diese Tätertypen einen unverwechselbaren Namen und ein damit verbundenes Gesicht besaßen, das die gestiegenen Bedürfnisse nach Visualisierung befriedigte.

Seit Mitte der 1950er Jahre wurden NS – Täter visuell immer stärker in den expandierenden Medien der Unterhaltungsindustrie, vor allem den Illustrierten, präsent. Hier überkreuzte sich das erwachende politische Interesse an der Aufarbeitung der NS – Vergangenheit mit den Geschäftsinteressen der Printmedien in einer sich entwickelnden Konsumgesellschaft, in der erstmals Bil-

---

8 »Vorbemerkung zum dreiundzwanzigsten Band«, in: C. F. Rüter / Dick de Mildt (Bearb.): Justiz und NS – Verbrechen. Sammlung deutscher Strafurteile wegen nationalsozialistischer Tötungsverbrechen 1945 – 1999, Bd. 23, Amsterdam / München 1998, S. V. Für Auskünfte in dieser Sache ist der Verfasser seinen Kollegen C. F. Rüter und Dick de Mildt zu großem Dank verpflichtet.
9 Dazu die freundliche Mitteilung von Prof. Rüter an den Verfasser vom 26. April 2009.
10 So die Auskunft von Prof. Rüter vom 26. April 2009, der entsprechende deutsche Pressemeldungen zur juristischen Ahndung von NS – Tötungsverbrechen seit dem Jahr 1963 sammelt.

der von Tätern in spektakulärer und verkaufsfördernder Weise kommuniziert wurden. Seit Mitte der 1950er Jahre verschoben sich also die Sagbarkeitsregeln und damit auch die Bedingungen für die visuelle Darstellung der Tat und der Täter, die ein Gesicht bekamen, das in Illustrierten wie STERN mit vollem Namen zu lesen war.[11] Um hier nur ein Beispiel herauszugreifen: Im Oktober 1956 wartete der STERN mit einer zweiseitigen Bildreportage über einen wegen seiner besonderen Grausamkeit berüchtigten Wachmann des Konzentrationslagers Buchenwald auf. Unter der Überschrift »Der Satan heißt Sommer« stellte das Magazin die Person des Gerhard Martin Sommer vor, gegen den zum Zeitpunkt des Abdrucks der Reportage zwar strafrechtliche Ermittlungen liefen, die aber noch nicht zu einem Prozeß geführt hatten.[12]

Die Konstruktion des Täterbildes durchlief in den ersten zwanzig Jahren des Bestehens der Bundesrepublik Deutschland mehrere Entwicklungsstufen, die darauf verweisen, daß kulturell verankerte Vorstellungen von nationalsozialistischen Gewaltverbrechen sich in der Imagination eines ›typischen‹ Täterbildes verdichteten. Der erwähnte »Henker von Buchenwald« Gerhard Martin Sommer war die Inkarnation der bis in die 1960er Jahre dominierenden Vorstellung, wonach der typische NS – Täter ein sadistisch veranlagter Exzeßtäter, ein schwer gestörter Triebtäter, eine Art Monster sein müsse.[13] Diese Deutung besaß den exkulpatorischen Vorzug, daß sie die Taten entpolitisierte und enthistorisierte, indem sie die Bereitschaft zur Tat auf eine psychopathologische Veranlagung des Täters zurückführte und damit alle Fragen nach weltanschaulich – kulturell verwurzelten Antriebskräften ausblendete. Bedeutsam für die hier verfolgte Fragestellung ist der Umstand, daß der Typus des sadistisch veranlagten Täters namentlich nicht austauschbar war, weil seine schockierenden Taten nach einer namentlichen Zurechnung verlangten und bereits die Nennung des Namens bestimmte Assoziationen weckte.

Dieses Erfordernis galt nicht für eine zweite Kategorie von Tätern, die den Durchschnittstypus des vermeintlichen Befehlsempfängers repräsentierte, dessen namentliche Erwähnung ihn nicht aus der Masse blasser Tätertypen heraushob, die sich meist erfolgreich mit dem Argument herauszureden suchten, sie seien nur letztlich ohnmächtige Rädchen in einer Maschinerie des Terrors gewesen, welche auf Befehl zu funktionieren gehabt hätten.[14] Eng verwandt war damit das Aufkommen des Typus des sogenannten »Schreibtisch-

---

11 Grundlegend hierzu ist Habbo Knoch: Die Tat als Bild. Fotografien des Holocaust in der deutschen Erinnerungskultur, Hamburg 2001, vor allem S. 17f. und S. 44f.
12 Ebd., S. 573 – 575.
13 Vgl. Weinke (wie Anm. 1), S. 61; Klaus – Michael Mallmann: Dr. Jekyll & Mr. Hyde. Der Täterdiskurs in Wissenschaft und Gesellschaft, in: Ders. / Andrej Angrick (Hg.): Die Gestapo nach 1945, Darmstadt 2009, S. 292 – 318.
14 Vgl. Weinke, ebd.

täters«, der sich in Gestalt von Adolf Eichmann personifizierte. Der Eichmann – Prozeß in Jerusalem aus dem Jahre 1961 produzierte nicht zuletzt durch seine Rezeption durch Hannah Arendt die Vorstellung eines Täters ohne tiefere Überzeugung, der in eilfertiger Dienstbeflissenheit vom Schreibtisch aus mörderische Anweisungen gab, ohne daß man ihm zutraute, einer anderen Person direkte körperliche Gewalt anzutun.[15]

Der durch Eichmann repräsentierte Typus schien austauschbar zu sein, weil bürokratischer Perfektionismus systemübergreifend anzutreffen war und nur seine Mobilisierung durch ein totalitäres Herrschaftssystem derartig mörderische Folgen zeitigte. Auf diese Weise trat die Persönlichkeit Eichmanns ganz hinter der Chiffre »Eichmann« zurück, die stellvertretend für die unzähligen unentbehrlichen, sonst nicht weiter auffälligen, gewissermaßen mausgrauen Funktionäre des Massenmordes stand. Symptomatisch für diese dominierende Einschätzung ist ein Zeitungsartikels des Journalisten Albert Wucher, der für die »Süddeutsche Zeitung« den Prozeß in Jerusalem verfolgte und der nach anfänglicher Unsicherheit in der Einschätzung Eichmanns gerade in dem peniblen Amtsdeutsch, mit dem sich Eichmann vor Gericht zu rechtfertigen suchte, eine eindeutiges Indiz für seinen Charakter erblickte: »Die Erklärung auch, warum die subalternsten Kreaturen zur effektivsten und schauerlichsten Wirksamkeit gelangen konnten. Eichmann wird, unfreiwillig, noch viele Beispiele und Beweise dafür liefern. Er ist wahrlich nicht das Zentrum des Systems gewesen, aber er war und bleibt der Prototyp des Funktionärs in Hitlers Drittem Reich des Unrechts und der Unmenschlichkeit. Der Prototyp einer Unpersönlichkeit.«[16]

Auch am Beispiel des spektakulärsten Prozesses gegen NS – Verbrecher, der vor deutschen Gerichten durchgeführt wurde, läßt sich zeigen, daß die Namen der Täter zwar benötigt wurden, um eine lebendige Person aus Fleisch und Blut einer interessierten Öffentlichkeit zu präsentieren, die immer schonungsloser bohrende Anfragen an die eigene Gesellschaft stellte. Aber auch im Auschwitz – Prozeß überdeckte die durch die öffentliche Wahrnehmung der Täter erzeugte Typisierung der Angeklagten deren Individualität, so daß aus der »Strafsache gegen Mulka und andere« eine Auseinandersetzung mit dem anonymen Tatkomplex des fabrikmäßigen Massenmordes wurde, bei dem die Täter letztlich austauschbare Nebenfiguren waren. Dies lag auch daran, daß die Berichterstattung über den Prozeß den Eindruck vermittelte, daß die Angeklagten bestens integrierte Mitglieder der Gesellschaft seien, die selbst im Gerichtssaal ohne Schuldbewußtsein ihr reines Gewissen zur Schau trugen.

---

15 Ebd., S. 61f. sowie Mallmann (wie Anm. 10), S. 299 – 301.
16 Albert Wucher: Eichmann hebt die Hand zum Schwur, in: Süddeutsche Zeitung vom 21. Juni 1961, zitiert nach Peter Krause: Der Eichmann – Prozeß in der deutschen Presse, Frankfurt 2002, S. 188.

Der Schriftsteller Horst Krüger, einer der aufmerksamsten Prozeßberichterstatter, kleidete seine Impressionen der Angeklagten in folgende Worte: » Ich möchte sie sehen, beobachten, erkennen. Es muß doch etwas zu unterscheiden sein. Irgendwie muß es sie doch drücken, absondern, einsam machen. Man kann doch nicht mit der Last von Auschwitz auf den Schultern hier herumspazieren, als sei eine Theaterpause. [...] Und ich bin sprachlos, blicke verstohlen hin und blicke wieder weg, möchte nicht aufdringlich wirken, möchte diese Gruppe nicht anstarren, wie man im Zoo seltsame, wilde Tiere anstarrt, bin fassungslos, daß Mörder so aussehen, so harmlos, so freundlich und väterlich.«[17] Alle hatten sie in ihren Zivilberufen in der westdeutschen Gesellschaft Fuß gefaßt: Robert Mulka, dessen Namen die Strafsache offiziell anführte, weil er unter den Angeklagten den höchsten SS- Rang bekleidet und als Adjutant des berüchtigten Lagerkommandanten Höß fungiert hatte, hatte es als Exportkaufmann zu Wohlstand gebracht; SS – Hauptsturmführer Wilhelm Boger, der eine besonders grausame Foltermethode praktiziert hatte, ging einer Arbeit als Buchhalter nach; SS – Unterscharführer Hans Stark unterrichtete als Berufsschullehrer junge Auszubildende und Rapportführer Oswald Kaduk, der in Tausenden von Fällen Häftlinge mit der Phenolspritze zu Tode gespritzt hatte, verdiente als Altenpfleger seinen Lebensunterhalt.[18]

Der Prozeß in Frankfurt am Main riß den Angeklagten die Maske bürgerlicher Wohlanständigkeit vom Gesicht und enthüllte in allen schrecklichen Einzelheiten, wie in Auschwitz die Vernichtung von Menschen perfektioniert wurde. Dadurch rückte erstmals in den Blickpunkt der Öffentlichkeit, daß im Völkermord an den europäischen Juden die nationalsozialistische Vernichtungspolitik kulminierte.[19] Seit dem Urteilsspruch vom August 1965 haftete dem »Dritten Reich« der Völkermord wesensmäßig an, konnte das Geschehen in den Vernichtungslagern in Polen nicht länger als eine zwar bedauerliche, aber letztlich nicht zum Wesenskern der Herrschaft Hitlers zählende Verirrung abgetan werden. Da Auschwitz auf diese Weise zum Symbol des mit dem Nationalsozialismus untrennbar verknüpften Zivilisationsbruchs aufstieg, konnten die Namen der im Auschwitz – Prozeß Angeklagten aus dem kollektiven Gedächtnis verschwinden. In der »Tötungsfabrik« Auschwitz schien das Morden technisch so ›perfektioniert‹ zu sein, daß es nicht mit dem Namen und dem Gesicht einzelner Täter verbunden zu werden brauchte.[20]

---

17 Horst Krüger: Im Labyrinth der Schuld. Ein Tag im Frankfurter Auschwitz – Prozeß, in: Der Monat 16 (1964), Heft 188, S. 19 – 29, Zitat S. 24 f.; vgl. hierzu auch Marcel Atze: »›Ich will nur dasitzen und zuhören, zusehen und beobachten‹«. Horst Krüger im Auschwitz – Prozeß, in: Stephan Braese (Hg.): Rechenschaften. Juristischer und literarischer Diskurs in der Auseinandersetzung mit den NS – Massenverbrechen, Göttingen 2004, S. 117 – 130.
18 Vgl. Atze, ebd., S. 126 – 129 sowie Irmtrud Wojak: Fritz Bauer 1903 – 1968. Eine Biographie, München 2009, S. 317 – 348.
19 Wojak, ebd., S. 349 f. und S. 360f.
20 Vgl. auch Mallmann (wie Anm. 10), S. 301.

III.

Wie aber stand es mit solchen Personen, die zwar im juristischen Sinne nicht als NS-»Täter« galten, weil sie nicht im Zuge eines gerichtlichen Beweiserhebungsverfahrens der Begehung einer Straftat überführt wurden, die aber dennoch durch ihr politisch – moralisch zu inkriminierendes Verhalten kritische Nachfragen der Öffentlichkeit auf sich zogen? Dieser gewiß nicht kleine Personenkreis konnte sich im Verlaufe der 1960er Jahre immer stärker unter Berufung auf den zivilrechtlichen Persönlichkeitsschutz vor öffentlicher Kritik abschotten.

Die historische Forschung hat diesem Aspekt bislang kaum Beachtung geschenkt; insofern stehen die folgenden Ausführungen unter dem Vorbehalt intensiver Quellenrecherche. Man gewinnt bei Musterung des bisherigen Forschungsstand allerdings den Eindruck, daß der besagte Personenkreis von einer verstärkten Sensibilisierung für die Belange eines weit verstandenen Begriffes von Datenschutz profitierte, die seit Mitte der 1960er Jahre zu verzeichnen war. Bis dahin war eine gesetzliche Ausdehnung des Schutzes der Persönlichkeit politisch nicht durchsetzbar, weil die veröffentlichte Meinung überaus sensibel auf dieses Vorhaben reagierte und es als Eingriff in die Pressefreiheit auffaßte. Man wird die begründete These wagen können, daß bis zur Mitte der 1960er Jahre die Freiheit der Berichterstattung höher angesiedelt wurde als der Persönlichkeitsschutz.[21] Entsprechende gesetzliche Initiativen der Bundesregierung aus dem Jahre 1959/60 verliefen im Sande, obgleich eigentlich eine stabile Mehrheit im Parlament vorhanden gewesen war.[22]

Wegen des Scheiterns einer neuen gesetzlichen Regelung kam der Auslegung des geltenden Rechts durch den Bundesgerichtshof zentrale Bedeutung zu. Es war damit die Persönlichkeitsrechtsprechung durch den Bundesgerichtshof, die auf eine schleichende Weise den journalistischen Spielraum immer weiter einengte[23] und zu einer vermehrten öffentlichen Zurückhaltung bei der Namensnennung führte. Hier setzte vor allem ein Urteil des Bundesgerichtshofes vom 19. Juni 1966 Maßstäbe: Der BGH hatte einem Kläger Recht gegeben, der sich in seinem Persönlichkeitsrecht dadurch verletzt fühlte, daß ihn ein Fernsehteam des Senders Freies Berlin für die Sendung »Vor unserer eigenen Tür« beim Betreten seiner Villa ohne sein Einverständnis gefilmt hatte. Der Kläger war in das Visier der öffentlichen Aufmerksamkeit dadurch geraten, daß er in einem Prozeß vor dem Volksgerichtshof im Juni 1944 als Hauptbelastungszeuge einen Arbeitskollegen dem sicheren Tod ausgeliefert hatte,

---

21 Vgl. dazu die Ausführungen bei Stefan Gottwald: Das allgemeine Persönlichkeitsrecht, Berlin 1996, vor allem S. 261 – 304.
22 Ebd., S. 268 – 299.
23 Ebd., S. 303f.

als er ihn wegen defätistischer Neigungen denunzierte und zu diesem Zweck ein Dokument dem Volksgericht übergab, das seine Denunziation belegte. Der Sechste Zivilsenat des BGH lehnte es ab, den durch das Fernsehen unvermutet in das Licht der Öffentlichkeit Gezogenen als »Person der Zeitgeschichte« im Sinne des § 23 Nr. 1 Kunsturheberrechtsgesetz anzusehen. Damit wertete der BGH den Schutz der Persönlichkeit höher als das Recht der Öffentlichkeit, auf eine Person mit zweifelhafter politischer Vergangenheit, die keine öffentlichen Ämter bekleidete, das Scheinwerferlicht der Öffentlichkeit zu richten.[24]

In gewisser Weise wird man die Instrumentalisierung des Persönlichkeitsrechts als Schutzvorrichtung gegen eine öffentliche Erörterung eines politisch – moralisch zweifelhaften Verhaltens in der NS – Zeit als Erfolg der durch das Strafrecht mit bewirkten Sensibilisierung der Öffentlichkeit für die NS – Vergangenheit werten können. Personen mit zwar nicht strafrechtlich, wohl aber moralisch relevanter NS – Vergangenheit waren deswegen existentiell auf den zivilrechtlichen Schutz durch das Persönlichkeitsrecht angewiesen, weil das Risiko immer größer wurde, öffentlich aus der Gemeinschaft der »Anständigen« ausgestoßen zu werden, wenn ihre Verfehlungen ihnen namentlich zugerechnet wurden. Hatte bis weit in die 1950er Jahre dieser Personenkreis sich noch relativ sicher wähnen können, auch weil Seilschaften in Ministerien aktiviert werden konnten und auf das Eingebettetsein in Strukturen der Kameradschaft vertraut werden konnte, so blies diesem Typus seit den frühen 1960er Jahren immer stärker der öffentliche Wind ins Gesicht.

Stellvertretend hierfür steht das vergebliche Bemühen eines der führenden Exekutoren der NS – Vernichtungspolitik im Reichssicherheitshauptamt, Werner Best. Best war von einem dänischen Gericht im Jahre 1950 zu 5 Jahren Haft verurteilt worden, von denen er nur eineinhalb Jahre absitzen mußte.[25] Danach faßte er im zivilen Leben der Bundesrepublik wieder Fuß und knüpfte auch wieder Fäden in die Politik, indem er einem Kreis ehemaliger Nationalsozialisten angehörte, die in den frühen 1950er Jahren nicht ohne Erfolg die FDP in NRW zu unterwandern suchten. Best war Mitglied des von der FDP eingerichteten Arbeitskreises »Entnazifizierung« und verfügte über engste persönliche und berufliche Kontakte zu einem der Motoren dieses Unterwanderungsversuches, dem Essener Rechtsanwalt Ernst Achenbach,[26] der 1957 für die FDP in den Bundestag einzog und dort einer der Hauptbefürworter der »neuen Ostpolitik« werden sollte.[27] Doch politisch glückte die feindliche Übernahme der FDP nicht – auch weil britische Militärpolizei im Januar 1953 den Hort der Konspiration, den ehemaligen Staatssekretär im

---

24 Ebd., S. 89 – 95.
25 Herbert, Best, S. 432 – 434.
26 Ebd., S. 445 – 475.
27 Ebd., S. 472.

Reichspropaganda – Ministerium Werner Naumann, verhaftete.[28] Und auch gesellschaftlich geriet der Kreis gutsituierter, in der Regel in der Industrie an Rhein und Ruhr tätigen ehemaligen Spitzenleute aus der Apparatur der NS – Gegnerbekämpfung immer mehr in die Defensive. Es gelang Best im Jahre 1968 nicht einmal mehr, auf dem Wege der »Kameradenhilfe« 40.000 Deutsche Mark zusammenzubringen, um eine amerikanische Historikerin anzuheuern, die in US – Archiven entlastendes Material gegen wegen NS – Verbrechen Angeklagter suchen sollte.[29]

Insgesamt drängt sich vorbehaltlich einer noch zu erfolgenden intensiven quellenmäßigen Durchdringung des Gegenstandes folgender vorläufiger Eindruck auf: Der Vorrang des Persönlichkeitsschutzes vor dem öffentlichen Interesse an der namentlichen Überführung von Personen, die dem NS – System in der zweiten und dritten Reihe gedient hatten und insofern keine »Personen der Zeitgeschichte« waren, war seit den späten 1960er Jahren Ausdruck einer defensiven Grundhaltung der Täter. In einer Zeit, in der die Aufklärung über die gesellschaftliche und kulturelle Verankerung des Nationalsozialismus das kleinste westdeutsche Dorf erreichte und sich in einer spezifischen Art der bundesdeutschen Erinnerungskultur niederschlug, war der Rückzug auf die zivilrechtlichen Möglichkeiten des Personenschutzes für die Betroffenen so etwas wie ein letzter Schutzschirm, um nicht vom Sturm öffentlicher Entrüstung erfaßt zu werden, der aufzukommen drohte, wenn sie mit ihrem Namen für ihr politisch – moralisches Versagen haftbar gemacht werden sollten.

---

28 Ebd., S. 463 – 469.
29 Ebd., S. 505 – 507.

Jochen Staadt

Das öffentliche Interesse an den Stützen des Regimes
Die Analyse politischer Systeme und ihrer Funktionsträger

Eine politikwissenschaftliche Analyse der Funktionsweisen administrativer Großsysteme ist ohne Einbeziehung der Handlungsmöglichkeiten und -zwänge ihrer verantwortlichen Akteure nicht möglich. Natürlich logen die Gestapoakten, wenn es den Tatbeteiligten sinnvoll erschien, dies vor Gericht so darzustellen. Kaum jemand erinnert sich heute noch an die nach Belieben ausgestellten Persilscheine, mit deren Hilfe sich ehemalige NS-Verstrickte gegenseitig zu Widerstandskämpfern erklärten. Selbstverständlich war man nicht dabei und hat von nichts gewußt, erst recht, wenn es um die eigene, ganz persönliche Rolle im System des alltäglichen Funktionierens der Diktatur ging. Einen erschreckenden Aspekt deutscher Realitätsflucht entdeckte Hannah Arendt, eine der großen Denkerinnen der Politikwissenschaft – anläßlich ihres ersten Deutschlandbesuches nach dem Zweiten Weltkrieg »in der Haltung, mit Tatsachen so umzugehen, als handele es sich um bloße Meinungen«. Sie führte dies auf die Nachwirkungen der totalitären Propaganda zurück, die nicht einfach nur Lügen verbreitete, wie sie sich auch demokratische Politiker im Notfall zuschulden kommen lassen. Die totalitäre Propaganda leugne ständig den Wert von Tatsachen überhaupt. »Alle Fakten können verändert und alle Lügen wahrgemacht werden.«[1]
Der Unwille zwischen Tatsachen und Meinungen zu unterscheiden, prägt heute viele Auseinandersetzungen über die Verstrickung in das Spitzelsystem des DDR-Staatssicherheitsdienstes. Die Weigerung, Realität als »Gesamtsumme harter, unausweichlicher Fakten wahrzunehmen«, ist eine Grundvoraussetzung für die bei allen möglichen Stasi- und DDR-Debatten in die Welt gesetzten Ammenmärchen von den lügenden Akten. Ehemalige Stasi-Spitzel leugnen stur bis zum Beweis des Gegenteils und meistens sogar darüber hinaus.[2] Von Politikern der Linkspartei werden alle möglichen Meinungen zur Frage des Umgangs mit Stasi-Spitzeln geäußert, nur wenn es darauf ankommt gegenüber solchen Zeitgenossen in der eigenen Partei Farbe zu bekennen, war es auf einmal doch nicht so gemeint. Tatsachen zählen dann auch nicht mehr.

---

1 Hannah Arendt: Besuch in Deutschland 1950, Berlin 1986, S. 48.
2 Vgl. Jochen Staadt: Akten und Akteure. Geschichten voller Lug und Trug – Die Fälle Gröllmann und Boßdorf. Zeitschrift des Forschungsverbundes SED-Staat der FU Berlin Nr. 21/ 2007, S. 92 ff.

Einer der beiden Parteioberen gehört ohnehin seit Jahren zu den Relativierern im Allgemeinen und in eigener Sache ganz besonders.

Gregor Gysi brachte es im September 2008 sogar fertig in einer Gegendarstellung zu einem Beitrag des MDR-Magazins »Fakt« die Behauptung unterzubringen, er habe als DDR-Rechtsanwalt mit einem »Vernehmungsbeamten« nicht aber mit der Stasi gesprochen.[3] Der ehemalige Vorsitzende der Rechtsanwaltskollegien der DDR Gregor Gysi meint also, der Öffentlichkeit weis machen zu können, es habe in der DDR, wo das Beamtentum abgeschafft war, »Vernehmungsbeamte« gegeben und er meint außerdem, daß diese »Vernehmungsbeamten« in politischen Verfahren – um ein solches handelte es sich nämlich im fraglichen Fall – keine Stasi-Leute waren. Noch verwunderlicher als Gysis wunderliches Meinen aber ist die Tatsache, daß ein Dresdner Gericht offenbar ebenfalls meint, es habe in den U-Haftanstalten der DDR »Vernehmungsbeamte« gegeben. So wurde, was Gysi wahrheitswidrig meint, als Gegendarstellung verfügt und mußte somit den Zuschauern der ARD verlesen werden. Per Gerichtsbeschluß wurde der MDR auf diese Weise gezwungen, eine offenkundige Unwahrheit auszustrahlen.

Walter Jens, ein bedeutender Moralist und westdeutscher Linksintellektueller, wurde im Alter von 80 Jahren von einer Vergangenheit eingeholt, die ihm kaum jemand zugetraut hätte. Das im Jahr 2003 erschienene »Internationale Germanistenlexikon 1800-1950« vermerkte lakonisch, daß Walter Jens seit 1942 der NSDAP angehört habe. Der »Spiegel« brachte die Angelegenheit vor dem Erscheinen des Germanistenlexikons groß heraus. In den Feuilletons der Republik brach eine heftige Debatte darüber aus, ob es, wie Jens behauptete, denkbar sei, daß er als Neunzehnjähriger ohne sein Wissen in die NSDAP aufgenommen wurde. Walter Jens erklärte, er habe der Hitler Jugend und später dem Nationalsozialistischen Deutschen Studentenbund angehört. Er erinnerte sich auch an einige systemkonforme Frühschriften, an einen Eintritt in die Nazi-Partei indes nicht. Angesprochen auf das Entnazifizierungsverfahren von 1946, in dem er eine NSDAP-Mitgliedschaft verneint hatte, räumte Jens jedoch ein: »Es mag sein, daß ich unwissentlich nicht die Wahrheit gesagt habe.« Walter Jens hat sich der Debatte um eine durch Karteikarten ausgewiesene sechzig Jahre zurückliegende NSDAP-Mitgliedschaft voller Selbstzweifel gestellt. Er hätte es sich einfacher machen können, wenn er mit Gegendarstellungen, Unterlassungsbegehren und eidesstattlichen Erklärungen gegen seine Kritiker zu Felde und vor die »kundenfreundlichen« Pressekammern in Hamburg oder Berlin gezogen wäre.[4]

---

3   Vgl. Gregor Gysis Erklärung vom 8. September 2008, enthalten im Urteil des Oberlandesgerichts Dresden vom 18. Dezember 2008 im Rechtsstreit zwischen Gregor Gysi und dem MDR.
4   Vgl. Harald Staun: Privatsache Stasi. Persönlichkeitsrecht vor Meinungsfreiheit: Haben ehemalige Mitarbeiter des MfS ein Recht auf Anonymität? Frankfurter Allgemeine Sonntagszeitung, 10. Mai 2009, S. 31.

Insbesondere die mit Pressedingen befaßten Kammern in Hamburg und Berlin unter Vorsitz der Richter Buske und Mauck neigen seit einigen Jahren dazu, den Persönlichkeitsschutz derart auszulegen, daß Akten und Karteikarten der personalstärksten und nach Dienstjahren langlebigsten Geheimpolizei in der deutschen Geschichte, keinen Beweiswert haben sollen. Für diese persönlichkeitsrechtlichen Engelmacher belegt eine dreihundert- oder fünfhundertseitige Stasiakte nichts. Die zu Walter Jens vorliegenden NSDAP-Karteikarten dürften angesichts der von Buske und Mauck praktizierten Unrechtssprechung eigentlich schon gar keiner Rede Wert sein.

Politikwissenschaft befaßt sich mit dem Zusammenleben der Menschen und untersucht, wie dieses Zusammenleben geregelt ist. Dies beinhaltet die Analyse von grundlegenden Prinzipien, Zusammenhängen und von Ursache- und Wirkungsmechanismen. Dabei berücksichtigt sie institutionelle, prozedurale und sachlich-materielle Gesichtspunkte. Ein besonderes Augenmerk richtet die moderne Politikwissenschaft auf die Frage, wie staatliche, privatwirtschaftliche und gesellschaftliche Akteure interagieren, wie politische Entscheidungsprozesse ablaufen und wie sich Machtverhältnisse konstituieren.

Politische Wissenschaft ist insoweit die Analyse der die öffentlichen Belange betreffenden ideengeschichtlichen, institutionellen, prozessualen und entscheidungsinhaltlichen Dimensionen des Strebens nach Machtanteilen oder Herrschaft. Der etwas umständliche Begriff der entscheidungsinhaltlichen Dimensionen beinhaltet die individuelle Handlungsebene gesellschaftlicher Akteure, ohne deren Handlungsmotivation das politische Ganze nicht zu dem würde, was es als staatliches System darstellt bzw. darzustellen vorgibt. Die Analyse der Wesenszüge von Demokratien und modernen Diktaturen im zwanzigsten Jahrhundert gehörte sozusagen zum Kerngeschäft der Politischen Wissenschaft, als sie sich in den fünfziger Jahren – maßgeblich geprägt von der Deutschen Hochschule für Politik – 1959 als Otto-Suhr-Institut in die Freie Universität Berlin integriert – zur anerkannten Universitätswissenschaft mauserte. Politische Systeme werden von Menschen gemacht, von Individuen verantwortet, gestaltet und ihre Regeln, Verordnungen und Gesetze werden ebenfalls von Personen ausgeführt, durchgesetzt, überwacht, ausgelegt usw. usf.

Gerade die wissenschaftlichen Fragen danach, welche Verantwortung einzelne Bürger und Amtsträger für den Untergang der Weimarer Republik trugen und welche Personen und Personengruppen auf welche Weise an der Errichtung der NS-Diktatur und an der Exekution ihrer Kriege und Völkermordverbrechen beteiligt waren, ist ein wesentliches Untersuchungsfeld der Diktaturforschung in der Politischen Wissenschaft. Ein unerläßlicher Bestandteil dieses Untersuchungsfeldes ist die Täterforschung. Sie ist ohne die konkrete Einbeziehung von Biographien schlechterdings kaum möglich.

Zu erinnern ist an die heftigen Debatten um die Rolle der Polizeibataillone,[5] die in den späten neunziger Jahren Historiker, Politologen und Journalisten austrugen oder an die von Götz Aly ausgelöste Diskussion um die berufliche Verstrickung einiger in der Bundesrepublik zu Ruhm und Ehre gelangter Historiker wie Theodor Schieder und Werner Conze in das Geschäft der nationalsozialistischen Bevölkerungspolitik.[6] Am Beginn des Streits um die persönliche Verantwortung und die Nennung von Namen stand die bereits erwähnte und an der Freien Universität Ende der fünfziger Jahre konzipierte SDS-Ausstellung über die »ungesühnte Nazi-Justiz«.

Ehemalige Spitzel des Staatssicherheitsdienstes und andere Funktionsträger des SED-Regimes nutzen heute den Rechtstaat – wie es damals auch NS-Verstrickte versucht haben – zur Flucht aus der Verantwortung. Die zunehmende Zahl dieser aktuellen juristisch legitimierten Realitätsfluchten ist alarmierend und es geht schon lange nicht mehr allein um 90.000 MfS-Funktionäre und ihre verdecktes Denunziantenheer. Der »Süddeutschen Zeitung« wurde in erster Instanz von Richter Maucks Kammer sogar untersagt, den Personalratsfunktionär bei der Bundespolizei Sven Hüber namentlich mit seiner früheren Funktion als Politoffizier bei den DDR-Grenztruppen in einen Zusammenhang zu bringen. Hüber kam in zweiter Instanz und vor dem BGH allerdings nicht durch.

Gregor Gysi kam bislang häufig durch und hat inzwischen juristisch erstritten, daß Journalisten nicht einmal mehr die von dem Immunitätsausschuß des Deutschen Bundestags getroffenen Feststellungen über sein früheres Verhältnis zum Staatssicherheitsdienst wiedergeben dürfen. Was in den neunziger Jahren mit der Stolpe-Gysi-Debatte begann, begleitet von parlamentarischen Untersuchungsausschüssen und großem Medienecho, dürfte heute zu erheblichen Teilen nicht mehr zitierfähig sein. Ehemalige Stasi-Spitzel erreichten bereits in einigen Fällen durch entsprechende Verfahren, daß Presse und Funkmedien selbst über MfS-Unterlagen nicht berichten dürfen, in denen handfest die Kooperation der Klageführenden mit der Staatssicherheit ausgewiesen ist. Was wäre, wenn auf diese Weise Gestapo- oder SS-Akten aus dem öffentlichen Diskurs eliminiert würden?

Die für eine solche absurde Rechtsprechung verantwortlichen Gerichte nehmen häufig die Bekundungen und heiligen Eide ehemaliger Kooperationspartner der DDR-Geheimpolizei, sie seien ohne ihr Wissen als Inoffizielle Mitarbeiter in die Stasi-Akten und Karteien gelangt, sogar dann für bare

---

5 Vgl. Christopher Browning: Ganz normale Männer. Das Reserve-Polizeibataillon 101 und die ›Endlösung‹ in Polen. Reinbek bei Hamburg 1993. Vgl. auch Michael Schneider: Die »Goldhagen-Debatte« : ein Historikerstreit in der Mediengesellschaft. Bonn 1997.

6 Vgl. Götz Aly: Theodor Schieder, Werner Conze oder die Vorstufen der Vernichtung, in: Winfried Schulze, Otto Gerhrad Oexle (Hg.): Deutsche Historiker im Nationalsozialismus, Frankfurt am Main 1999, S, 163 ff.

Münze, wenn, wie im Fall eines bis zum Ende der DDR eifrig spionierenden westdeutschen Ehepaars D. aus B. diese Tätigkeit durch Computerdaten der Stasi und durch Zeugen bestätigt wurde. Eine von Georg Herbstritt verfaßte wissenschaftliche Studie über »Bundesbürger im Dienst der DDR-Spionage« wurde auf Verlangen der ehemaligen Spione vom Markt genommen.[7] Das angerufene Gericht ignorierte souverän alle vorliegenden Beweise und entschied entsprechend dem Begehren der beiden Spione D. aus B. Inzwischen ist Herbstritts Buch zwar wieder erhältlich, die Namen der beiden westdeutschen Spione mußten freilich geschwärzt werden.

Hat die deutsche Justiz, die früher auf dem rechten Auge blind war, nun auf ihrem linken Auge das Sehvermögen eingebüßt? Generell erwies sich nach dem Ende des NS-Regimes, daß der Rechtsstaat mit seinen juristischen Möglichkeiten dem gesellschaftlichen Erbe einer totalitären Diktatur – gemeint ist hier nicht Mord und Totschlag – sondern dem, was Karol Sauerland als »Massenverwaltungsverbrechen« bezeichnet, relativ machtlos gegenüber steht.[8] Was früher Recht war, könne nach einem Regimewechsel nicht Unrecht sein, lautete ein damals von Funktionsträgern des NS-Regimes häufig bemühter Verteidigungsgrundsatz. Als nach dem Ende der zweiten deutschen Diktatur deren Verbrechen auch zu juristischen Fragen wurden, erlebte die Floskel vom Recht, was im Nachhinein nicht zu Unrecht werden könne, eine ungeahnte Renaissance. Die ehemals zur Rechtfertigung von NS-Verstrickungen bemühte Argumentation hat inzwischen auch für kommunistische Staatsverbrechen Geltung erlangt. Ähnlich wie für die Aufarbeitung des Nationalsozialismus gilt deswegen auch für die Aufarbeitung der SED-Diktatur, daß den Versuchen der Relativierung und Beschönigung nur durch die gesellschaftliche Auseinandersetzung mit der Diktaturvergangenheit begegnet werden kann.

Gerade weil aber die gesellschaftliche Auseinandersetzung mit den sozialistischen Menschenexperimenten in der DDR und im Ostblock noch längst keine akademisch-historische Frage ist, beunruhigt die in jüngster Zeit hervor getretene Tendenz in der deutschen Rechtsprechung, früheren Stasi-Spitzeln den Mantel der Anonymität umzuhängen und sie vor der öffentlichen Wahrnehmung ihre Vergangenheit zu schützen. Wenn ehemalige Stützen des Regimes auch in höheren Instanzen durchsetzen sollten, daß ihre Verstrickung in die Menschenrechtsverletzungen einer totalitären Diktatur nicht mehr benannt werden dürfen, wird die notwendige gesellschaftliche Auseinandersetzung durch Anonymisierung historisch und politisch in eine gleichsam außerhalb des realen Lebens verschobene abstrakte Schattenwelt verlegt. Die »Gehei-

---

7 Vgl. Georg Herbstritt: Bundesbürger im Dienst der DDR-Spionage. Eine analytische Studie, Göttingen 2007.
8 Vgl. Karol Sauerland: 30 Silberlinge. Denunziation – Geschichte und Gegenwart, Berlin 2000.

men Informatoren« des Staatssicherheitsdienstes bleiben konspirative Wesen ohne Fleisch und Blut. Im Unterschied zum oben erwähnten Germanistenlexikon verzichtet das von der Stiftung zur Aufarbeitung der SED-Diktatur mit erheblichen Summen aus öffentlichen Mittel finanzierte Lexikon »Wer war wer in der DDR« offenbar aus vorwegeilendem Gehorsam vor der einschlägigen Rechtsprechung in mehreren Kurzbiographien auf genaue Angaben zur Stasi-Kooperation der porträtierten Personen. In zahlreichen anderen Fällen einer inoffiziellen Tätigkeit für das MfS – darunter weithin öffentlich bekannte und bekennende IM – wagen sich die Lexikonmacher nur noch auf eine »Erfassung« durch die Stasi hinzuweisen.[9] Eine »Erfassung« bedeutet jedoch gar nichts. Zahllose Personen waren in Stasi-Karteikarten unter Decknamen erfaßt. So erfährt der Leser eben gerade nicht, wer wirklich wer war im Unterdrückungssystem der DDR und was er als heimlicher Spitzel mit zu verantworten hat. Sollte diese Praxis Schule machen, müßte vielleicht demnächst im Germanistenlexikon von einem »Erfassungsverhältnis« bei der NSDAP oder bei der Waffen-SS die Rede sein? »Erfassungsverhältnis« bei den Grenztruppen oder bei der SED wäre auch nicht schlecht.

Leider haben sich auch die Justitiare in den Landesrundfunkanstalten in der Juristischen Kommission der ARD unter dem Eindruck einiger Urteile a lá Buske und Mauck dazu durchgerungen, die Untersuchung des Forschungsverbundes SED-Staat über die MfS-Tätigkeit gegen die ARD sowie in den Fernseh- und Radiosendern der DDR dergestalt zu überarbeiten, daß Täternamen weitgehend anonymisiert wurden.[10] Damit fiel die Juristische Kommission der ARD der Berichterstattung ihrer eigenen Sendeanstalten faktisch in den Rücken.

In Olpe (Sauerland) gab es vor einigen Jahren bereits den glücklicherweise gescheiterten Versuch der Kinder eines NSDAP-Ortsgruppenleiters, ein lokalgeschichtliches Buch über diesen Mann verbieten zu lassen. Die westdeutsche Justiz wurde Mitte der sechziger Jahren durch eine breite öffentliche Debatte, durch einige wenige ihre Pflichten ernst nehmende Staatsanwälte und Ermittlungsbeamte sowie durch die Gesetzgebung des Bundestages davon abgebracht, einen Schlußstrich unter die Aufarbeitung des NS-Regime zu setzen. Es kann durchaus sein, daß sich das angesichts des juristischen Umgangs mit dem Erbe der zweiten deutschen Diktatur wiederholen muß. Doch vielleicht geht es auch anders. Zu guter Letzt nämlich sei auch auf positive Zeichen verwiesen, die jüngst aus den Gerichtsälen in die Öffentlichkeit

---

9   Vgl. Wer war wer in der DDR? Ein Lexikon ostdeutscher Biographien. Berlin 2006. Hg. Helmut Müller-Enbergs u. a.
10 ARD: Die Ideologiepolizei. Die rundfunkbezogenen Aktivitäten des Ministeriums für Staatssicherheit der ehemaligen DDR in der DDR sowie in der Bundesrepublik Deutschland. Dietrich Schwarzkopf (Hg.), Vorsitzender der Historischen Kommission der ARD. Frankfurt/Main 2008.

drangen. Im Süden der Republik sahen mehrere Gerichte die Sache ganz anders als die Engelmacherkammern in Hamburg und Berlin. Im Süden der Republik wurde nun schon mehrfach entschieden, daß Stasi-Denunzianten im Rahmen der vom Gesetzgeber gewollten gesellschaftlichen und wissenschaftlichen Auseinandersetzung mit der SED-Diktatur beim Namen genannt werden dürfen. Der Unrechtsstaat DDR war Menschenwerk. Seine Verteidiger und Befürworter wurden juristisch kaum zur Verantwortung gezogen.[11] Verrat aber verjährt nicht.[12] Es wäre fatal, fatal für die gesellschaftliche und eine schwere Behinderung für die wissenschaftliche Beschäftigung mit der DDR-Geschichte, wenn den Funktionären und Kollaborateuren des SED-Regimes jetzt auf juristischem Wege die Flucht in die Anonymität geebnet wird.

---

11 Vgl. Uwe Müller, Grit Hartmann: Vorwärts und Vergessen! Kader, Spitzel und Komplizen: Das gefährliche Erbe der SED-Diktatur. Berlin 2009, S. 65 ff.
12 Vgl. Christhard Läpple: Verrat verjährt nicht. Lebensgeschichten aus einem einst geteilten Land. Hamburg 2008.

Hans-Jürgen Grasemann

Täter haben ein Gesicht – Die Notwendigkeit zur Benennung von Täternamen bei der Aufarbeitung des SED-Unrechts –
Rechtspolitische Aspekte

I. *Täter als Opfer?*

»Das Recht am eigenen Bilde wie das Recht am eigenen Namen sind Ausdruck des Rechtsgedankens, dass der Mensch sich selber gehört. Das konstituiert seine Würde«, schrieb Adolf Arndt 1967[1] zur Frage der Rechtmäßigkeit identifizierender Kriminalberichte.
Rechtsprechung und Deutscher Presserat sind sich seit Jahrzehnten einig: Da jede publizistische Personenkennzeichnung auch einen Eingriff in das Persönlichkeitsrecht auf Anonymität indiziert, kommt wegen der Personalisierung von Sachverhalten der verfassungsrechtlichen Güterabwägung zwischen Medien- und Informationsfreiheit sowie den Persönlichkeitsrechten große Bedeutung zu. Der zivilrechtliche Abwehranspruch gegen die unbefugte Verwendung personenbezogener Informationen trifft Medien wie Privatpersonen als Beklagte auf Unterlassung und Schmerzensgeld. Das ist geltendes Recht und von der Rechtsordnung zu Recht gewollt.
20 Jahre nach dem Ende des SED-Regimes häufen sich jedoch die Fälle, in denen ehemalige Hauptamtliche und Inoffizielle Mitarbeiter des Ministeriums für Staatssicherheit diese zivilrechtlichen Abwehrrechte gegen ihre Enttarnung und Identifizierung in Ausstellungen, Medienberichten und in Mitteilungen durch Stasi-Opfer in Anspruch nehmen[2]. Dass gerade sie sich der Institu-

---

1 Adolf Arndt, Umwelt und Recht, in: NJW 1967, S. 1845 ff.,1846.
2 Wenn sich Täter von damals als Opfer fühlen...,in: HalleForum.de vom 17.4.2009; E. Thiemann, Die Stasi lebt!, in: KOMMA, Januar 2009, Nr.57, S. 18; S.F. Kellerhoff, Zensur per Zivilrecht: Wie IM den Rechtsstaat missbrauchen, in: DIE WELT v. 20.3.2009; S. Reichert, Käbisch kündigt neuen Streit an, in: FREIE PRESSE CHEMNITZ v. 18.3.2009; R. Burger, Stasi-Spitzel bemüht Rechtsstaat, in: FAZ v. 25.3.2008; A. Boecker, Ein Stasi-Deckname, der noch immer schützt, in: Süddeutsche Zeitung v. 27.3.2008; Th. Gerlach, Der Rebell von Reichenbach, in: DIE WELT v. 31.3.2008; vgl. im Übrigen die Homepage von Pfarrer Dr. Edmund Käbisch und von Joachim Heinricht, jeweils mit zahlreichen Hinweisen und Quellen; S. Reichert, Stasi sucht Schutz der Justiz, in: Mitteldeutsche Zeitung v. 26.3.2008; A. Gursky, Erinnerungskultur konkret. Ein Erfahrungsbericht, in: Deutschland Archiv (DA), 1/2009, S. 5-10; Th. Starke, »Ach wie gut dass niemand weiß...« Darf man die Namen von Stasi-Mitarbeitern nennen?, in: DA 2/2009, S. 198 – 206 mit einer informativen Übersicht.

tionen und Garantien des Rechtsstaates bedienen, die sie den Unterworfenen und Ausgelieferten ihrer Herrschaftsgewalt vorenthalten haben, und eine Niederlage vor Gericht als Niederlage für den Rechtsstaat schlechthin beklagen, löst verständliche Entrüstung nicht nur bei den Opfern der zweiten deutschen Diktatur aus.

Es ist gewiss ein Ärgernis, wenn sich die Täter von einst heute als Opfer darstellen, doch erweist sich die Stärke von Demokratie und Rechtsstaat in der Verfassungswirklichkeit und in der Anwendung des Gleichheitsgrundsatzes gerade auch gegenüber jenen, die den Unrechtsstaat DDR aufrechterhalten und daraus ihre persönlichen Vorteile gezogen haben. Immerhin haben sogar MfS-Generäle wie Neiber, Engelhardt, Großmann und Schwanitz im Sommer 1990 Vertrauen in das Verfassungsorgan Bundesverfassungsgericht des von ihnen bekämpften Staates bekundet, das sie sofort nach der Wiedervereinigung gegen das »Renten-Strafrecht für Stasi-Mitarbeiter« anrufen wollten.

Für die von Verantwortlichen des DDR-Unrechts verklagten Privatpersonen, bei denen es sich zumeist um Stasi-Opfer handelt, können die Prozesskosten sich unter Umständen existenzbedrohend auswirken. Da eine klare Linie in der Rechtsprechung leider noch nicht zu erkennen ist, kann ihnen niemand mit Sicherheit die Klageabweisung und damit ihr Obsiegen voraussagen. Wenn sie von der Anrufung des übergeordneten Gerichts absehen müssen und sich wegen der unkalkulierbaren Verfahrenskosten als rechtlos gestellt sehen, steht für viele die Rechtsordnung insgesamt auf dem Prüfstand.

II. Der »Fall Fritz Schaarschmidt«

Bestärkt fühlen sich die Justizkritiker durch Entscheidungen wie die des OLG München vom 28. Januar 2009[3]. Auf die Berufung des Klägers wurde das klagabweisende Urteil des LG Augsburg vom 28. Juli 2008[4] abgeändert und dem beklagten Fritz Schaarschmidt untersagt, auf seiner Internetseite *www.ddr-ausreise.de* oder andernorts die Behauptung aufzustellen oder zu verbreiten, dass der Kläger gemeinsam mit den übrigen ebenfalls namentlich genannten Personen den Bildungsweg seiner Tochter auf Grund des Antrags auf Ausreise aus der DDR beendet hätte.

Die teilweise unangemessene Gerichtsschelte übersieht freilich, dass nach Auffassung des Berufungsgerichts Schaarschmidt die Richtigkeit seiner Behauptung nicht zu beweisen vermocht hat. Ob und inwieweit der Kläger, ein ehemaliger Stadtschulinspektor, auf die Entscheidung des Stadtschulrats,

---

3 OLG München Zivilsenate Augsburg 27 U 633/08 (27. Zivilsenat).
4 LG Augsburg 10 O 887/08.

die Eingabe gegen die Versagung der Weiterbildung der Tochter abzulehnen, Einfluss genommen hat, habe er – so das OLG – nicht dargetan.
Andererseits findet der 27. Zivilsenat deutliche Worte:

> »*Aus ideologischen Gründen einer unstreitig begabten und für die Weiterbildung geeigneten jungen Frau die weiterführende Schule und damit das Abitur zu versagen, nur weil sie mit ihren Eltern einen Ausreiseantrag gestellt hat, ist aus objektiver Sicht menschenverachtend und zutiefst zu missbilligen. Daran ändert auch der Umstand nichts, dass dies durch die ›Anordnung über die Aufnahme in die erweiterte allgemeinbildende Oberschule‹ ... gedeckt gewesen sein mag ...*«

Für den beklagten Fritz Schaarschmidt, der nach dem Ausreiseantrag seinen Handwerksbetrieb aufgeben musste und seine Frau durch Suizid verloren hat, weil sie dem Druck der DDR-Organe nicht mehr stand halten konnte, ist das aufgehobene erstinstanzliche Urteil ein wertloser Erfolg, auch wenn es in den Gründen heißt:

> »*Der zitierte Text ist ein Stück Zeitgeschichte, wie sie der Beklagte formuliert hat. Falsche oder ehrverletzende Behauptungen sind nicht enthalten und vom Kläger auch gar nicht vorgetragen...*
> *... Dem verständigen Leser wird (nicht) die Meinung suggeriert, dass der Kläger persönlich die Schullaufbahn der Tochter des Beklagten beendet habe; aus dem Text erschließt sich eindeutig, dass der Kläger als Mitglied des Schulsystems, das nach dieser zitierten Aufnahmeordnung zu handeln hatte, erwähnt wird... Diese Tatsache wird vom Kläger auch nicht bestritten und eine wahrheitsgemäße Schilderung eines Stückes Zeitgeschichte kann keine Persönlichkeitsverletzung darstellen...*«[5].

III. Der »Fall Roman Grafe«

Der Publizist Roman Grafe hat in seinem 2004 im Siedler-Verlag erschienenen Buch »Deutsche Gerechtigkeit – Prozesse gegen DDR-Grenzschützen und ihre Befehlsgeber« auf S. 306 und im *DEUTSCHLAND ARCHIV* 6/2004 unter der Überschrift »Grafe: Die Prozesse wegen der Tötung Chris Gueffroys« auf S. 981 geschrieben:

> »*Stabschef Reinhard Gentzsch gefiel es nach dem Mauerfall, seinen Wohnsitz in Richtung Westen zu verlegen – nach Oberhausen im Ruhrgebiet. Zum Prozess kommt der 45jährige Gentzsch kurz nach Berlin, nach vier Verhandlungstagen darf er mit einer Bewährungsstrafe von zwei Jahren wieder nach Hause fahren... Sein Kollege Gerd Fritz Mögel, als Chef Ausbildung ebenfalls ein Stellvertreter des Regimentskommandeurs, arbeitet unbehelligt weiter beim Bundesgrenzschutz*

---

5 Weitere Einzelheiten bei: S. Krug, Namenlose Geschichte, in: Augsburger Allgemeine v. 13.4.2009 und Th. Starke DA 2/2009, S. 200.

gemeinsam mit seinem alten Kameraden Sven Hüber (Politoffizier im Grenzregiment 33) ...«

Der Kläger Sven Hüber, seit 1983 bei den DDR-Grenztruppen tätig und seit 1987 Offizier, zuletzt im Range eines Oberleutnants, war im Grenzregiment 33 als stellvertretender Chef einer von zehn Kompanien eingesetzt. Als Stellvertreter für politische Arbeit war er für die politische Erziehung der Soldaten im Sinne der Führung der DDR zuständig. Von Herbst 1988 an war er Offizier im Stab des Grenzregiments 33 und dort sog. Jugendkonstrukteur, der die Aufgabe hatte, die führende Rolle der SED mittels des Jugendverbandes FDJ durchzusetzen und die »jungen Armeeangehörigen und Grenzsoldaten zielgerichtet so zu erziehen, dass sie bereit und fähig sind, ihre militärischen Pflichten gemäß dem Fahneneid zu erfüllen«.

Vor dem LG Berlin hat Hüber gegen Grafe und die Verlagsgruppe Random House GmbH geltend gemacht, dass er durch die namentliche Nennung in seinem Persönlichkeitsrecht verletzt werde und kein überwiegendes Berichterstattungsinteresse an seiner Namensnennung bestehe. Auf seine Klage wurde den Beklagten am 2. Februar 2006 untersagt, »den Namen des Klägers im Zusammenhang mit seiner Funktion beim Grenzregiment 33 und/ oder im Zusammenhang mit den Todesschüssen auf Chris Gueffroy und/oder im Zusammenhang mit seiner Tätigkeit bei der Bundespolizei ... zu verbreiten.«[6]

Hüber, der nach seiner Entlassung aus den Grenztruppen in den Bundesgrenzschutz (jetzt Bundespolizei) übernommen wurde, wo er als Erster Polizeihauptkommissar und Vorsitzender des Hauptpersonalrates der Bundespolizei ein gefragter Ansprechpartner ist, hat durch seine Klage bundesweite Bekanntheit erlangt – als ehemaliger Politoffizier der DDR-Grenztruppen. Das LG Berlin hat in der neuen Funktion Hübers eine »herausgehobene Stellung« gesehen, die »in besonderem Maße öffentliche Kritik hinnehmen« müsse. Bei der Debatte über die Todesschüsse an der ehemaligen innerdeutschen Grenze handele es sich ebenfalls um eine solche von besonderem öffentlichem Interesse.

Das Auftreten Hübers als Zeuge in einem Strafverfahren gegen einen Angehörigen der DDR-Grenztruppen wegen Anstiftung zum Totschlag bezeichnete das LG als »diskussionswürdig«, ebenso wie seine Diplomarbeit und seinen am 10. Mai 2004 in der *Berliner Zeitung* veröffentlichten Leserbrief, in dem er die Ablösung von Hubertus Knabe als Leiter des Museums »Stasi Gefängnis Berlin-Hohenschönhausen« forderte, weil dieser die Ansicht vertreten hat, 1945 habe in Ost-Deutschland eine Diktatur die andere abgelöst.

6   LG Berlin 27 O 773/05.

Anders als im Fall Schaarschmidt gab im Fall Grafe das Berufungsgericht dem Beklagten Recht. Das Kammergericht Berlin hob das Urteil des LG am 19. März 2007[7] auf und wies die Klage Hübers ab.
In den Urteilsgründen heißt es:

> »*Die Namensnennung des Klägers ist schon deswegen zulässig, weil dieser sowohl in seiner früheren Funktion beim Grenzregiment der DDR als auch mit seiner heutigen Tätigkeit bei der Bundespolizei an die Öffentlichkeit getreten ist. Er hat Vorträge über den ›Dienst an der Berliner Grenze‹, den ›praktischen Alltag des Grenzregimes an der Berliner Mauer‹, die ›Maueröffnung und Auflösung der Grenztruppen‹ sowie über ›Prozess und Erlebnis der Übernahme von Angehörigen der Grenztruppen der DDR in den Bundesgrenzschutz der Bundesrepublik Deutschland‹ gehalten. Dabei ist er...mit seiner früheren und jetzigen Funktion vorgestellt worden... Offenbar hatte der Kläger bis zur Veröffentlichung der Beklagten keine Probleme damit, seine frühere Tätigkeit als Offizier beim Grenzregiment der DDR öffentlich zu machen ...*«

Grafes schlichte Mitteilung, dass der Kläger ebenso wie Gerd Fitz Mögel und Norbert Schulze beim Bundesgrenzschutz arbeitet und der Hinweis an den Leser in einem Klammerzusatz dass der Kläger Politoffizier im Grenzregiment 33 war, stelle eine wahre Tatsachenbehauptung dar.
Abschließend führt das KG aus:

> »*Unabhängig davon, ob der Kläger den Schießbefehl an der innerdeutschen Grenze billigte oder diesem kritisch gegenüber stand, wie er behauptet, hat er doch als Angehöriger des Führungsstabs eines Grenzregiments das System der ›Grenzsicherung‹ gestützt und dazu beigetragen, dass es funktionierte. Dies allein läßt den Vorwurf des Beklagten (Grafe) und die Kritik an der Übernahme des Klägers in den Bundesgrenzschutz zulässig erscheinen ...*«

Zur Diplomarbeit Hübers, in den Entscheidungsgründen des LG-Urteils nur am Rande erwähnt, hat der Buchautor Roman Grafe nach seinem »Freispruch« durch das KG in der von der Geschichtswerkstatt Jena herausgegebenen Zeitschrift *Gerbergasse 18* nachgelegt:

> »*Der Beitrag (Schulfernsehen der ARD über Hübers Leben in der DDR) verschweigt die leicht zu recherchierende Tatsache, dass Sven Hüber schon in seiner Diplomarbeit (1987) ein umfangreiches ›klassenmäßig geprägtes Feindbild‹ aufgebaut hatte, zur ›politisch-moralischen Vorbereitung der Angehörigen der Grenztruppen der DDR auf den Grenzdienst‹. Dabei bezeichnete er das mörderische Grenzregime als legitim. Das Thema der Arbeit war sein späterer Arbeitgeber: ›Der Bundesgrenzschutz als Instrument imperialistischer Macht- und Herrschaftssicherung‹. Aus der Konfrontationsstrategie der BRD resultiere der ›aggressive und reaktionäre Charakter‹ des Bundesgrenzschutzes. Er habe die*

---

[7] KG Berlin 10 U 49/06.

Arbeit ›allein zum Zwecke der Erlangung des Diploms gefertigt, ohne davon, was er da geschrieben hat, inhaltlich überzeugt zu sein‹, sagt Herr Hüber heute über seine Hetzschrift. Und dass er ›selbstverständlich derartige Auffassungen für falsch hielt‹.«[8]

Das Berufungsurteil des Kammergerichts in Berlin haben nicht allein die Beklagten und Berufungskläger, Grafe und sein Verlag, mit Genugtuung und Erleichterung aufgenommen.
»Es gibt noch Richter in Berlin!«[9] Der historische Satz hat sich mal wieder bewahrheitet. Die Entscheidung des Kammergerichts hat all jenen neue Hoffnung gegeben, die mit ähnlichen Klagen und anwaltlichen Schriftsätzen überzogen werden.

III. *Der » Fall Joachim Heinrich«*

»Aber auch in München gibt es noch Richter«, möchte man nach dem Urteil des LG München I vom 15. April 2009[10] ergänzen, nach dem ein Stasi – IMB es sich gefallen lassen muss, dass im Zusammenhang mit einem historischen Ereignis durch entsprechendes Bildmaterial und auch unter Namensnennung über ihn berichtet wird.
Der Kläger Herbert Gräser (IM »Schubert«) war nach den Feststellungen des Landgerichts wegen seiner Kenntnis von illegalen Antiquitätenverkäufen nach Westberlin vom MfS unter Androhung einer Ermittlungsverfahrens und einer Freiheitsstrafe 1981 als Inoffizieller Mitarbeiter (IM) angeworben worden. Seit 1989 als »IMB« tätig, wurde er über die Informationsbeschaffung hinaus als einer von nur wenigen IM zur Zersetzung, Zerschlagung oder Zurück-Drängung von »Feinden« eingesetzt. Mehr als 3000 Seiten Spitzelberichte hat er seinen Führungsoffizieren im MfS abgeliefert.[11]
Der Beklagte Münchner Naturwissenschaftler Joachim Heinrich, der durch die Veröffentlichung der Adressen sämtlicher konspirativer Wohnungen der Stasi in Erfurt 2007 bekannt wurde[12], hat auf seiner Internetseite *www.stasi-in-erfurt.de* auch ein Foto veröffentlicht, auf dem der Militärstaatsanwalt im Dezember 1989 die Bezirksverwaltung des MfS in der Erfurter Andreasstraße versiegelt. Auf diesem Foto ist auch der Kläger zu sehen, der neben dem Militärstaatsanwalt steht. Neben dem Foto stehen Namen und Funktion (IMB) des

---

8   Zit. nach R. Grafe, Vom DDR-Politoffizier zum Bundespolizisten – Eine deutsche Karriere und ein Justiz-Alptraum, in: Gerbergasse 18, IV/2007, S. 11 (12).
9   So R. Grafe aaO S. 14.
10 LG München I 9. Zivilkammer 9 0 1277/09 (Presseerklärung RiLG Tobias Pichlmaier v. 15.4.2009).
11 Joachim Heinrich in seiner Pressemitteilung v. 15.4.2009 (»Meilenstein gegen das Vergessen«).
12 Näher dazu Th. Starke in DA 2/2009, S. 199.

Klägers, der vom Beklagten die Unterlassung der Veröffentlichung begehrt. Da er im Staatsapparat der DDR weder ein Amt bekleidet noch eine sonstige Position des öffentlichen Lebens ausgefüllt habe, müsse das Informationsinteresse der Öffentlichkeit hinter seinen berechtigten Interessen zurücktreten. Die 9. Zivilkammer des LG München I ist dieser Argumentation entgegen getreten. Es handele sich um ein wahrhaft historisches Bilddokument, auf dem der Kläger zu sehen ist. Als »IMB« hebe sich der Kläger durchaus von anderen Inoffiziellen Mitarbeitern oder gar der übrigen Bevölkerung der DDR ab und sei insoweit sehr wohl exponiert:

> »*Vor diesem Hintergrund muss das grundsätzlich anerkennungswerte Interesse des Klägers an Anonymität... hinter die durch die allgemeine Meinungsfreiheit, die Informationsfreiheit und die Wissenschaftsfreiheit geschützten Interessen des Beklagten zurücktreten. Die Aufarbeitung historischer Ereignisse und die Ermittlung der geschichtlichen Wahrheit, wie sie unabdingbare Voraussetzung der freiheitlich-demokratischen Grundordnung und eines jeden freien und pluralistischen Gemeinwesens sind, würden in nicht hinnehmbarem Maße zurückgedrängt, wenn über historische und geschichtlich bedeutsame Ereignisse nicht voll umfänglich berichtet werden dürfte. Dies schließt die Veröffentlichung von Bildern und – soweit Personen sprichwörtlich Geschichte machen – Bildnissen mit ein. Im vorliegenden Fall ist es gerade auch nicht so, dass die Person des Klägers für die historische Aufarbeitung irrelevant wäre, so dass sein Recht auf Anonymität die Publikationsinteressen des Beklagten und die Informationsinteressen der Allgemeinheit überwiegen würde: Gerade die Besonderheit des Augenblicks und die ›Funktion‹, die der Kläger seinerzeit eingenommen hatte, lassen die Veröffentlichung seines Bildnisses als gerechtfertigt erscheinen.*«[13]

Durch die Münchner Entscheidung ist klargestellt: Das historische Foto darf nicht nur gezeigt werden, es darf auch gesagt werden, wen das Foto zeigt, nämlich keinen Bürgerrechtler, der bei der Türversiegelung hilft, sondern einen Stasi-Spitzel.

IV. *Folgerungen aus der »Heinrich-Entscheidung«*

Das Urteil vom 15. April 2009 ist in mehrfacher Hinsicht von Bedeutung:
- es vermindert die Unsicherheit vor Gerichtsentscheidungen bei Zivilklagen von ehemaligen Spitzeln gegen die Veröffentlichung ihrer Namen im Zusammenhang mit ihrer verachtenswerten Tätigkeit,
- es belegt, dass das Argument des Zeitablaufs seit dem Einsatz des IM nicht verfängt,

---

13 Zit. nach T. Pichlmaier ebenda.

- es macht deutlich, dass die Aufarbeitung einer Diktatur und die Wahrheitsfindung keinen »Schlußstrich« zuläßt,
- es verweigert den Handlangern der Stasi (Mielke bezeichnete die 174.000 Inoffiziellen Mitarbeiter als »Atmungsorgane« des MfS) ein Abtauchen in das Vergessen,
- es ist ein Beitrag gegen die Strangulierung der Pressefreiheit, die Heribert Prantl anläßlich einer gegen die *Süddeutsche Zeitung* gerichteten Entscheidung beklagt hat,[14]
- vor allem aber haben die Richter des LG München I 20 Jahre nach dem Ende der friedlichen Revolution » die Versuche einstiger Täter gestoppt, DDR – Unrecht systematisch mit Mitteln des Rechtsstaates aus der Geschichtsschreibung zu löschen« (so Joachim Heinrich nach der Urteilsverkündung)[15].

Das LG-Urteil ist zwar noch nicht rechtskräftig und unterliegt der Überprüfung durch das OLG München, wenn der unterlegene Kläger Berufung einlegt, doch kann es sich auf die Rechtsprechung des Bundesverfassungsgerichts stützen, das schon am 23. Februar 2000[16] festgestellt hat, die namentliche Nennung eines Stasi-Mitarbeiters betreffe eine die Öffentlichkeit wesentlich berührende Frage und begründe ein erhebliches Aufklärungsinteresse. Die historische Erfahrung mit einer Diktatur und ihren Repressionsinstrumenten könne schließlich eine Anschauung darüber vermitteln, welchen Gefahren die Freiheitsrechte der Bürger ausgesetzt sein können, wenn die Sicherungen eines freiheitlichen Rechtsstaates außer Kraft gesetzt werden.

In seiner Entscheidung vor neun Jahren hat das oberste deutsche Gericht auch das Argument der drohenden Stigmatisierung verworfen. Die Unterstellung einer inoffiziellen MfS-Mitarbeit führe nicht in gleicher Weise zu einem Entzug sozialer Anerkennung wie etwa strafrechtliche Vorwürfe. Angesichts der Tatsache, dass die IM-Tätigkeit in der DDR ein Massenphänomen gewesen sei, sei mit einer »Pogromstimmung« bei der Veröffentlichung von Klarnamen nicht zu rechnen. Die Verwerflichkeit einer Zusammenarbeit mit dem MfS dürfe nicht auch noch durch einen rechtsstaatlichen Schutz der Anonymität honoriert werden.

Klare Worte aus Karlsruhe!

Hinzuweisen ist schließlich auf die Regelung des Stasi-Unterlagen-Gesetzes (StUG), dessen § 32 Abs.3 die Veröffentlichung pesonenbezogener Informa-

---

14 Zit. nach R. Grafe in Gerbergasse 18, S. 13.
15 J. Heinrich ebenda.
16 BVerfG (1. Kammer des Ersten Senats), Beschl. v. 23.2.2000 – 1 BVR 1582/94, in: NJW 2000, S. 2413.

tionen des MfS gestattet, wenngleich nur unter bestimmten Bedingungen. Liegen diese vor, so ist die Beeinträchtigung des allgemeinen Persönlichkeitsrechtes, die mit der Veröffentlichung der wahren Tatsachenbehauptungen einhergeht, gerechtfertigt mit der Folge, dass ein Unterlassungsanspruch nicht besteht.

V. *Schlussbemerkung*

Es steht zu hoffen, dass die Gerichte, die ohnehin nicht die Aufgabe haben, einen Schlussstrich unter eine vergangene Diktatur zu ziehen, den Opfern, die durch ihren Widerstand gegen das Regime zu dessen Ende und zur Einheit Deutschlands beigetragen haben, nicht nur Recht gewähren, sondern sie auch mit der gebotenen Sensibilität behandeln. Die Richter müssen lernen, dass Träger der zweiten deutschen Diktatur auch dann Täter sind, wenn sie strafrechtlich nicht zu belangen sind.
Das strafrechtliche Rückwirkungsverbot des Art. 103 Abs. 2 Grundgesetz gilt nicht für die Erforschung der Zeitgeschichte und die Geschichtswissenschaft.

> *»Die veröffentlichten Angaben mit Informationen zur beruflichen Qualifikation und Entwicklung hauptamtlicher Mitarbeiter sind geeignet zur Aufarbeitung und bildenden Darstellung der Tätigkeit des Staatssicherheitsdienstes. Sie sind auch erforderlich, um in bezeichnender und verständlicher Weise die Einbildung von Personen in der SED-Diktatur darzustellen. Den Benennung und die Möglichkeit bildlicher Vorstellung geben nachhaltigen Eindruck in die Einbindung Einzelner in die Funktionen und verlieren sich nicht in der Abstraktheit bloßer Zahlen. Sie ermöglichen das Ziel der politischen Bildung, zu verdeutlichen, dass die Herrschaftsausübung und das Funktionieren eines Verfolgungs- und Repressionsapparates erst durch Individuen gewährleistet werden.«*[17]

Mit dieser Stellungnahme trat im Mai 2008 der Landesbeauftragte für den Datenschutz in Sachsen-Anhalt der Offensive einstiger Stasi-Offiziere, angeführt vom letzten Leiter der Untersuchungsabteilung IX der MfS-Bezirksverwaltung Halle, Oberstleutnant Jürgen Stenker, gegen die Dauerausstellung in der Gedenkstätte ROTER OCHSE in Halle/Saale entgegen, der durch Anwaltsschreiben dreist gar Teile des Inhalts der Ausstellung verbieten lassen wollte. So sei die Aussage »Das Hauptziel des MfS war es, Geständnisse zu erzielen, nötigenfalls mit physischer oder psychischer Gewalt« unwahr.
Gedenkstättenleiter André Gursky hat die Drohung gelassen aufgenommen. Er wartet noch heute auf die 2007 angekündigte Klage.

---

17 Zit. bei A. Gursky, Einschränkung der Persönlichkeitsrechte? Die Offensive einstiger Stasi-Offiziere gegen die Gedenkstätte ROTER OCHSE, Halle/S., in: Gerbergasse 18, II/2008, S. 11 (13).

Wie in Halle und zuletzt in München muss der Versuch der Täter, DDR-Geschichte gesichtslos zu machen, erfolglos bleiben. »Ohne Namensnennung würden wir über Geschichte ohne Menschen reden«, hat Lutz Rathenow treffend formuliert[18].

Moralische Schuld unterliegt im Gegensatz zu Straftaten keiner Verjährungsfrist.

»Früher kannten sie unsere Namen, heute nennen wir ihre Namen!« Die Selbstverständlichkeit, mit der Jürgen Fuchs damals ans Werk ging, sollten sich auch die deutschen Gerichte zu Eigen machen.

---

18 Lutz Rathenow im Deutschlandradio, zit. nach R. Grafe, Gerbergasse 18 aaO, S. 14.

Reinhard Borgmann

Verantwortliche beim Namen nennen – Täter haben ein Gesicht
Namensnennung von Tätern zwischen Aufarbeitungsinteresse und Persönlichkeitsrecht – Publizistische Aspekte

Sven Hüber

Als wir uns Anfang 2007 zum ersten Mal mit dem Vorsitzenden des Hauptpersonalrats der Bundespolizei Sven Hüber beschäftigten, betraten wir – und hier ist das Bild wohl angemessen – vermintes Gelände. Der ehemalige DDR-Politoffizier bei den DDR-Grenztruppen und jetzige Funktionär der Gewerkschaft der Polizei bekämpfte die Berichterstattung über seine DDR-Vergangenheit mit einem juristischen Flächenbombardement. Das finanzielle Risiko war dabei für ihn begrenzt: zur Finanzierung dieser Bataille konnte er auf Gewerkschaftsgelder zurückgreifen.
Anlass für die zahlreichen Rechtsstreitigkeiten war eine Buchveröffentlichung von Roman Grafe unter dem Titel »Deutsche Gerechtigkeit. Prozesse gegen DDR-Grenzschützen und ihre Befehlsgeber« aus dem Jahre 2004. Darin wird unter anderen der Bundespolizist Sven Hüber erwähnt – und zwar im Zusammenhang mit Ausführungen über Todesschüsse auf Chris Gueffroy, der am 5. Februar 1989 an der früheren innerdeutschen Grenze erschossen wurde.
Gegen diese Buchpassage zieht Sven Hüber vor Gericht. Er sei nicht an einem Grenzzwischenfall mit Todesfällen beteiligt gewesen, gegen ihn wäre auch deshalb nicht strafrechtlich ermittelt worden und die an den Todesschüssen auf Chris Gueffroy beteiligten Soldaten wären nicht seine Untergebenen gewesen. Sven Hüber macht weiterhin geltend, dass er das Recht auf Anonymität habe, dies gelte auch trotz seiner jetzigen Funktion als Personalratsvorsitzender der Bundespolizei.
Das Berliner Landgericht folgt der Argumentation und untersagt dem Autor, »den Namen des Klägers in Zusammenhang mit seiner Funktion beim Grenzregiment 33 und/oder im Zusammenhang mit den Todesschüssen auf Chris Gueffroy und/oder im Zusammenhang mit seiner Tätigkeit bei der Bundespolizei, wie in dem Buch von Roman Grafe geschehen, zu verbreiten.«

In der Begründung bezieht sich das Berliner Landgericht ausdrücklich auf das durch Artikel 2 des Grundgesetzes geschützte Recht auf Persönlichkeitsentfaltung.

> »Dieses jedermann schützende Recht beinhaltet auch in gewählter Anonymität zu bleiben und die eigene Person nicht in der Öffentlichkeit dargestellt zu sehen.«

Dabei war Sven Hüber von sich aus mit Teilen seiner DDR-Biografie selbst schon an die Öffentlichkeit getreten: in Interviews und sogar in einem Filmbeitrag des Westdeutschen Rundfunks. Am 26. November 2005 berichtet die Süddeutsche Zeitung über den Prozess. Die Folge: Hüber zieht auch dagegen vor den Kadi. Der Zeitung wird schließlich untersagt, namentlich über Sven Hüber zu schreiben. Darüber hinaus untersagt das Gericht, in diesem Zusammenhang ein Foto von ihm zu veröffentlichen, das ihn neben Otto Schily zeigt.
Es folgen Unterlassungsverfügungen gegen einen Artikel in der Berliner Zeitung von Renate Oschlies, wie zuvor schon gegen das Deutschland Archiv und später gegen die Neue Züricher Zeitung. Regina Mönch schreibt in der Frankfurter Allgemeinen Zeitung unter voller Namensnennung über den Fall. Auch hier ergeht eine einstweilige Verfügung.
Obwohl die juristischen Risiken auf der Hand lagen, wollten wir dem gerichtlich verordneten Beschweigen persönlicher moralischer Verantwortung für die Stützung des DDR-Grenzregimes nicht folgen. Am 8. März 2007 strahlten wir unter dem Titel »Kein Name, kein Gesicht – Warum die DDR-Geschichtsschreibung nicht von Gerichten zensiert werden darf« einen ca. 8 Minuten langen Fernsehbericht im Ersten Deutschen Fernsehen aus, der Ross und Reiter nannte und die Rechtssprechung des Berliner Landgerichtes kritisierte.
Der Autor Roman Grafe, sein Verlag sowie die Süddeutsche Zeitung waren zu diesem Zeitpunkt bereits gegen die Entscheidung des Landgerichtes Berlin in Berufung gegangen, so dass kurz nach der Ausstrahlung unseres Berichtes ein Urteil in der höheren Instanz zu erwarten war. Erfreulicherweise entschieden sowohl der 10. als auch der 9. Senat des Berliner Kammergerichtes in diesem Fall zu Gunsten der Pressefreiheit. In seiner Begründung führt der 10. Senat am 19. März 2007 aus:

> »Die Namensnennung des Klägers ist schon deswegen zulässig, weil dieser sowohl mit seiner früheren Funktion beim Grenzregiment der DDR als auch mit seiner heutigen Tätigkeit bei der Bundespolizei an die Öffentlichkeit getreten ist.«

Auch der 9. Senat des Berliner Kammergerichtes, der über die Veröffentlichung in der Süddeutschen Zeitung zu entscheiden hatte, bejaht schon einige

Tage zuvor, am 16. März 2007, ausdrücklich ein »überwiegendes Informationsinteresse der Öffentlichkeit«. Weiter heißt es dort

> »Gerade der Meinungsfreiheit, der das Bundesverfassungsgericht wegen ihrer herausragenden Bedeutung für die menschliche Persönlichkeit und die demokratische Staatsordnung seit jeher einen besonders hohen Rang zuerkennt ..., muss hier bei der Abwägung mit den anderen Rechtsgütern ein höheres Gewicht eingeräumt werden.« (...) »Im Rahmen dieser Berichterstattung durfte über den Antragsteller auch identifizierend berichtet werden, denn gerade auch wegen dessen Person ist ein besonderes Informationsinteresse zu bejahen«.

Diese beiden Urteile der Berufungsinstanz lösten bei uns große Erleichterung aus. Rechtliche Schritte gegen die Ausstrahlung des Berichtes waren nicht mehr zu erwarten. Unsere Entscheidung, trotz der eindeutigen vorangegangenen erstinstanzlichen Rechtssprechung die Berichterstattung über diese grundsätzliche Einschränkung der Pressefreiheit fortzusetzen, nahm in diesem Fall nur die Rechtsprechung des Kammergerichtes vorweg. Der spätere Versuch Sven Hübers, gegen das Urteil des Kammergerichtes beim BGH Beschwerde einzulegen, schlug dann ebenfalls fehl.

IM Lebenspartner

Nicht so positiv hingegen waren die Folgen der Berichterstattung unseres Magazins über einen anderen Rechtsstreit. Es ging um die Zulässigkeit der Namensnennung eines ehemaligen inoffiziellen Mitarbeiters des Ministeriums für Staatssicherheit.
Der Mann, um den es geht, drehte kein großes Rad im Unterdrückungssystem der DDR. Ein Sportoffizier der Volkspolizei, der ab 1987 laut Stasiunterlagen als Inoffizieller Mitarbeiter aus dem Innenleben seiner Kompanie berichtete: persönliche Details aus dem Leben seiner Kameraden und politische Einschätzungen über sie. Offenbar konnte sich die Stasi auf ihren Zuträger verlassen und wollte noch Ende 1989 nicht auf seine Berichte zur Lage verzichten. Einer von über 100 000 inoffiziellen Mitarbeitern, die in ihrer Gesamtheit das Überleben des Regimes über Jahrzehnte ermöglichten.
Über diesen ehemaligen IM, der sich seit geraumer Zeit im Glanze einer prominenten Schauspielerin sonnte, berichtete die Zeitschrift Super-Illu in ihrer Ausgabe vom 5. Juni 2008. Der Betreffende hatte zuvor in mehreren Illustrierten die Öffentlichkeit an seinem persönlichen Glück als Lebenspartner an der Seite der schönen und erfolgreichen Frau mit zahlreichen Hochglanzfotos teilhaben lassen. Seinen kräftig gebauten Oberkörper konnte – wer wollte – ohne jede Bekleidung bewundern, allein die Berichterstattung über sein Vorleben als IM mochte er nicht entblößt dargestellt wissen.

Das Berliner Landgericht gab ihm in dieser Auffassung Recht und untersagte im August 2008 der Zeitschrift weiterhin so wie geschehen über die vormalige – unbestrittene – IM-Tätigkeit des sportlichen Herren zu berichten. In seinen Entscheidungsgründen stellt das Gericht fest:

> »Da die Interessen der Antragsgegnerin (also der Zeitschrift, R.B.) an ihrer Pressefreiheit die Interessen des Antragstellers an seiner Anonymität nicht überwiegen, liegt eine Persönlichkeitsverletzung vor.«

Das Besondere an diesem Fall war, dass sich die Entscheidung des Berliner Landgerichtes in dieser Angelegenheit ausdrücklich auf die Resozialisierungsmaßgabe des Lebach-Urteils aus dem Jahre 1973 bezog. Diese Grundsatzentscheidung des Bundesverfassungsgerichtes, die sich auf die Verletzung der Persönlichkeitsrechte eines Straftäters bezog, der seine Haftzeit zum größten Teil verbüßt hatte, wurde auf einen inoffiziellen Mitarbeiter des Ministeriums für Staatssicherheit angewandt, der keiner Straftat verdächtigt und auch niemals strafrechtlich zur Verantwortung gezogen wurde.
Wörtlich hieß es in den Entscheidungsgründen:

> »Zwar mag dem unrühmlichen Karrierebeginn (sic! R.B.) des Antragstellers ein öffentliches Informationsinteresse nicht gänzlich abzusprechen sein, im Hinblick darauf, dass die ihm zur Last gelegten IM-Vorwürfe schon zwanzig Jahre zurück liegen, gebührt jedoch vorliegend auch unter Resozialisierungsgesichtspunkten dem Persönlichkeitsrecht des Antragsteller der Vorrang.«

»Resozialisierung« von ehemaligen Stasi-Mitarbeitern – in diesem Urteil sahen wir einen Eingriff in die Pressefreiheit und den Versuch der Verhinderung der Aufarbeitung des SED-Unrechtsregimes durch eine Pressekammer in einer »neuen Qualität«, die in ihrer grundsätzlichen Bedeutung kaum zu unterschätzen war.

Unter dem Titel »18 Jahre deutsche Einheit – Enttarnung von Stasi-Spitzeln verboten« vom 2. Oktober 2008 wurde schließlich über den Rechtsstreit der Super-Illu in Kontraste ausführlich berichtet. »Gibt es nach 18 Jahren ein Recht auf Vergessen?« fragte die Moderatorin zu Beginn. Wir meinten nein, und sendeten den Film unter voller Namensnennung.
Warum taten wir das, wo doch die rechtlichen Risiken für uns so offensichtlich waren? Der Grund ist klar: Kontraste ist keine juristische Fachzeitschrift, in der sich sachkundige Rezipienten ihr Bild über den Zustand der öffentlichen und rechtlichen Aufarbeitung der DDR-Diktatur aus der Schilderung von Strukturen und anonymisierten Personen machen. Das politische Magazin sendet im Ersten Deutschen Fernsehen und hat im Schnitt 3 Millionen Durchschnittszuschauer, die an zeitgeschichtlicher Aufklärung interessiert

sind. Und für die lässt sich die von uns kritisierte Rechtsprechung des Berliner Landgerichtes nur verstehen, wenn man die prominente Schauspielerin und deren Lebenspartner auch beim Namen nennt. Im Übrigen wäre der Lebenspartner wegen der zahlreichen Anhaltspunkte, die auf jeden Fall hätten erwähnt werden müssen, ohnehin identifizierbar gewesen.
Die Öffentlichkeit soll sich selbst eine Meinung bilden können, darum geht es. Dem allgemeinen Persönlichkeitsrecht des Betroffenen stehen daher die verfassungsmäßigen Rechte auf Information und die Freiheit der Meinungsbildung der Zuschauer gegenüber. Und dazu gehört eben auch umfassende und konkrete Information durch die Medien über Themen überragender zeitgeschichtlicher Bedeutung.
In einem nach der Sendung zur Verfügung gestellten Blog im Internet zeigte sich, dass die Zuschauer der Kontraste-Sendung sehr wohl verstanden hatten, um welche grundsätzliche Einschränkung der Pressefreiheit und damit ihrer Informationsfreiheit es sich bei der Gerichtsentscheidung handelt.
Die juristische Reaktion auf unsere Berichterstattung erfolgte auf dem Fuße. Per einstweiliger Verfügung wurde uns durch Beschluss des Berliner Landgerichtes am 9. Oktober 2008 die erneute Berichterstattung über den IM – wie geschehen – untersagt. In dieser Angelegenheit werden Redaktion und Autor im Hauptsacheverfahren versuchen, den Rechtsweg auszuschöpfen. Neben weiteren Aspekten in der Begründung des Urteils, war der Hauptgrund für diese jetzt weiter eskalierende Auseinandersetzung letztlich die Berufung des Gerichtes auf das Lebach Urteil des Bundesverfassungsgerichtes aus dem Jahr 1973.

Lebach-Urteil

Ein heute noch so bedeutendes Grundsatzurteil zum Verhältnis von Pressefreiheit und dem Recht auf freie Entfaltung der Persönlichkeit, das vor über 30 Jahren gefällt wurde, hat es verdient, in seine Zeit eingeordnet zu werden. Und da das äußerungsrechtliche Urteil des Bundesverfassungsgerichtes seinen Ausgangspunkt in einem Strafprozess genommen hatte, loht es auch noch einmal den Strafprozess genauer zu beleuchten.
Was war in Lebach geschehen? Im Januar 1969 hatten zwei Täter das Bundeswehrmunitionsdepot im saarländischen Lebach überfallen, um an Waffen zu gelangen, mit deren Hilfe später Menschen entführt und deren wohlhabende Verwandte zur Zahlung hoher Geldsummen erpresst werden sollten. Dabei wurden vier Soldaten im Schlaf erschossen und ein Wachhabender mit 13 Messerstichen schwer verletzt. Wenige Monate später konnte die Polizei die beiden Täter und einen Komplizen verhaften. Vor Gericht gaben die Täter, die als homosexuell galten, an, sich von der Gesellschaft ausgegrenzt gefühlt zu

haben. Mit dem mit den erbeuteten Waffen erpressten Geld, wollten sie sich in einer gemeinsamen Lebensgemeinschaft den Traum von einem besseren Leben in der Südsee erfüllen.

Der Prozess über dieses »Sensationsverbrechen« fand vor über tausend Schaulustigen im großen Saal der Saarbrücker Kongresshalle statt. Er galt als »Prozess des Jahres«. Gerichtsreporter Gerhard Mauz schrieb im Spiegel (28/ 1970):

> »In Saarbrücken lachen tausend Menschen. Ihr Gelächter kündigt sich als ein empor quellendes Wabern der Luft an, wie es im zweiten Weltkrieg der Detonation von Luftminen voran ging. (...) Die Finsternis des Lachens legt sich über die Details der Homosexualität der Angeklagten. (...) (Der Angeklagte) Ditz hat sich geweigert auszusagen, angesichts einer Öffentlichkeit, die nicht zugelassen, sondern mobil gemacht wurde.«

Die beiden Haupttäter wurden zu lebenslänglichen Haftstrafen verurteilt, der Komplize musste für seine Tat bis 1973 im Gefängnis büßen.

Der Versuch des Zweiten Deutschen Fernsehens, ein Dokumentarspiel zu dieser historischen Vorlage auszustrahlen, war von Anfang an umstritten. Kritik gab es vor allem an der geplanten Vermischung von Realhandlungen mit inszenierten Passagen.

Der Komplize der beiden Haupttäter zog vor Gericht. Der Mann argumentierte, er stehe kurz vor der Entlassung und eine Ausstrahlung des ZDF-Filmes gefährde seine Resozialisierung. Die Gerichte lehnten die geforderte Unterlassung ab. Erst das Bundesverfassungsgericht untersagte am 5. Juni 1973 eine Ausstrahlung des Filmes. Das Gericht stellte den Persönlichkeitsschutz über das Grundrecht auf Informationsfreiheit.

Unmissverständlich wurde in dem Urteil klar gestellt:

> »Eine spätere Berichterstattung ist jedenfalls unzulässig, wenn sie geeignet ist, gegenüber der aktuellen Information eine erheblich neue oder zusätzliche Beeinträchtigung des Täters zu bewirken, insbesondere seine Wiedereingliederung in die Gesellschaft (Resozialisierung) zu gefährden.«

Ausdrücklich wurde einer zeitlich unbeschränkten Befassung mit der Person und der Privatsphäre eines Straftäters eine Absage erteilt. Vielmehr gewinne nach Befriedigung eines aktuellen Informationsinteresses grundsätzlich das Recht, »allein gelassen zu werden«, zunehmende Bedeutung.

Ausgeblendet wurde damit, dass Resozialisierung ein lang andauernder Prozess ist, der die Einbeziehung des ehemaligen Straftäters und der Gesellschaft bedingt. Die Alternative zum öffentlichen »Zur Schau Stellen«, wie es offensichtlich durch das Gericht vom Dokumentarspiel des ZDF befürchtet wurde, besteht nicht im Verschweigen der Vergangenheit und der Flucht in die Anonymität.

Von daher stellt sich die Frage, ob die grundsätzliche Bedeutung dieses Urteils heute überhaupt noch angemessen ist. Es stammt aus einer Zeit, in der Homosexualität ein Tabu und der § 175 immer noch ein Straftatbestand war. Resozialisierung wurde vorwiegend als fügsame Einordnung in die Gesellschaft verstanden und nicht als aktive Auseinandersetzung mit der eigenen Schuld und den Folgen der Tat für das Opfer. Ein Bekenntnis zur persönlichen Verantwortung ist – zumindest aus heutiger Sicht – ein notwendiger Bestandteil der Resozialisierung von Straftätern in einer aufgeklärten Gesellschaft.

Doch was bedeutet die Entscheidung des Bundesverfassungsgerichtes aus dem Jahre 1973 für die heutige Berichterstattung über ehemalige Angehörige des Unterdrückungssystems der DDR?

Der bekannteste Straftäter, der ehemalige SED-Generalsekretär und Staatsratsvorsitzender der DDR Egon Krenz, hat wegen Totschlags in vier Fällen knapp 4 Jahre Freiheitsstrafe abgesessen. Krenz lässt keine Gelegenheit aus, seine »Resozialisierung« in aller Öffentlichkeit selbst voranzutreiben, in dem er seine krude Weltsicht auf allen Kanälen weiter verbreitet. Eine Gefährdung seiner weiteren Eingliederung in die Gesellschaft durch öffentliche Berichterstattung ist wohl nicht zu erwarten.

Doch diejenigen, die nach wie vor im Interesse der Medien stehen, die offiziellen oder inoffiziellen Mitarbeiter des Ministeriums für Staatssicherheit, sind in der Regel keine Straftäter, sondern waren mehr oder weniger aktive, mehr oder weniger skrupellose, mehr oder weniger – für die von ihnen bespitzelten Opfer – gefährliche Stützen des Systems.

Und auch für jene – so abwegig es erscheint – hat der Anspruch auf »Resozialisierung« nach dem Lebach-Urteil inzwischen in der Rechtssprechung Gewicht. Das zeigt jetzt der Fall des Lebenspartners der prominenten Schauspielerin.

Und dies, obwohl sich die Rechtssprechung auf der Grundlage des Lebach-Urteils fortentwickelt hat. Besondere Bedeutung kommt dabei dem so genannten IM-Listen-Beschluss des Bundesverfassungsgerichtes aus dem Jahre 2000 zu. Dort wurde im Rahmen der Ablehnung einer Verfassungsbeschwerde Grundsätzliches zur historischen Aufarbeitung des Stasi-Unrechtes formuliert. Zunächst heißt es:

> »Bereits im Lebach-Urteil hat das Bundesverfassungsgericht den Persönlichkeitsbelangen, insbesondere dem Resozialisierungsanliegen des damaligen Beschwerdeführers gegenüber der Rundfunkfreiheit den Vorrang eingeräumt, obwohl eine wahre Berichterstattung zur Debatte stand. In der neueren Rechtssprechung hat das Bundesverfassungsgericht ausgeführt, dass wahre Berichte das Persönlichkeitsrecht des Betroffenen insbesondere dann verletzen können, wenn die Folgen der Darstellung die Persönlichkeitsentfaltung schwerwiegend sind und die Schutzbedürfnisse das Interesse an der Äußerung überwiegen.«

Gleichzeitig stellt das Gericht fest – und das war damals neu –, dass es nicht die Aufgabe staatlicher Gerichte sei, einen Schlussstrich unter eine Diskussion zu ziehen oder eine Debatte zu beenden. Und weiterhin wird ein Aufklärungsinteresse der Öffentlichkeit an den Machenschaften des MfS ausdrücklich bejaht:

> »... die systematische und umfassende Ausforschung der eigenen Bevölkerung mit nachrichtendienstlichen Mitteln war ein besonders abstoßendes Herrschaftsinstrument des Einparteienstaates. Schon daraus ergibt sich das Aufklärungsinteresse.«

Da nach Auffassung des Gerichtes die inoffiziellen Mitarbeiter innerhalb des MfS über keine Macht verfügten und weitgehend von ihren Führungsoffizieren abhängig waren, könne – so das Gericht – nicht ohne nähere Feststellungen davon ausgegangen werden, »dass allein der Umstand, dass eine Person als inoffizieller Mitarbeiter bezeichnet wird, zu sozialer Ausgrenzung und Stigmatisierung führt.«

Diese, für die historische und publizistische Aufarbeitung äußerst positive Begründung fand im Rechtsstreit des ehemaligen IM mit der Super Illu, über den wir in Kontraste berichtet hatten, allerdings keine Erwähnung.

Erst Monate später, in der jüngsten Entscheidung des Berliner Landgerichtes vom 5. Februar 2009, wird die vom Bundesverfassungsgericht genannte besondere Bedeutung der Aufklärung des DDR-Unrechts am Rande gestreift – allerdings zum Nachteil der Super Ilu.

Das Gericht meint, dass die Berichterstattung der Zeitschrift »... zum Verständnis der Tätigkeit des MfS (...) allenfalls in geringem Maße (beitrage), und zur politischen Aufarbeitung der Stasi-Vergangenheit kaum Sachdienliches beizutragen habe.« Konsequenz auch diesmal: Die Nennung des Klarnamens bleibt untersagt.

Christian Klar

Zweierlei Maß? Dieser Verdacht drängt sich auf, wenn Sie Leser der BZ sind und zufällig die Ausgaben vom 9. und 10. Januar 2009 gelesen und gesehen haben. Der gerade aus der Haft entlassene Christian Klar ist dort auf einem aktuellen Foto eindeutig zu erkennen: Man sieht ihn vor dem Berliner Ensemble am Schiffbauerdamm in Mitte: mit seiner Wollmütze, seiner Lederjacke, seinen Jeans und einer Einkaufstasche in der Hand. Und damit jeder genau weiß, wie Christian Klar früher aussah, ist auf der Titelseite noch einmal ein kleines Passfoto aus früherer RAF- oder Haftzeit eingeblendet.

Das Foto von Christian Klar in der BZ stellt nach Auffassung seines Rechtsvertreters einen schwerwiegenden Eingriff in sein Persönlichkeitsrecht dar.

Christian Klar zog vor das Berliner Landgericht. Und wie die 27. Kammer des Berliner Landgerichtes in dieser Hinsicht urteilt, wissen wir bereits aus dem Urteil über die Berichterstattung der Super Illu – oder wir meinen es zu wissen. Denn im Gegensatz zur Aufarbeitung der Biografie eines ehemaligen MfS-Angehörigen durch die Super Illu beurteilt das Berliner Landgericht die Aufarbeitung der Biografie eines ehemaligen RAF-Terroristen durch die BZ anders.

Es weist – anders als bei dem ehemaligen IM und jetzigen Lebenspartner einer populären Schauspielerin – ausdrücklich darauf hin, dass grundsätzlich über die Person des Antragstellers, also Christian Klar, auch nach seiner Haftentlassung berichtet werden dürfe. Der Berichterstattung über den ehemaligen RAF-Angehörigen kommt nach Auffassung des Berliner Landgerichtes sogar eine besondere Bedeutung zu. In seinen Entscheidungsgründen führt es Bemerkenswertes aus:

»…. nach wie vor besteht ein überragendes historisches Interesse an der RAF, ihren Taten sowie ihren Mitgliedern, zu denen der Antragsteller gehörte.«

Und weiter:

»Die Bedeutung der damaligen Ereignisse reichte dabei weit über die eigentlichen Straftaten und den Strafvollzug der Täter als solchen hinaus. So erfuhr (als ein Teilaspekt der deutschen Gesellschaftsordnung neben weiteren) unter anderem die Rechtsordnung der Bundesrepublik – ausgelöst durch die Verfolgung der RAF – im Bereich insbesondere des Strafprozessrechtes erhebliche Veränderungen.«

Als ob durch die Wiedervereinigung nicht ebenfalls die Gesellschafts- und Rechtsordnung der Bundesrepublik erhebliche Veränderungen erfahren hätte. In diesem Zusammenhang seien nur das Stasi-Unterlagen-Gesetz und das SED-Unrechtsbereinigungsgesetz erwähnt. Weiter heißt es im Urteil des Berliner Landgerichtes:

»Dass der weitere Werdegang der noch Inhaftierten wie auch der bereits aus der Haft entlassenen früheren RAF-Mitglieder seit Anfang 2007 wieder verstärkt und – allseits kontrovers und intensiv diskutiert – unübersehbar in das Blickfeld der Öffentlichkeit gerückt ist, hat der Antragsteller (in diesem Fall) aufgrund seiner früheren Zugehörigkeit zur RAF hinzunehmen.«

Und ausdrücklich unter Bezug auf die Rechtssprechung des Bundesverfassungsgerichtes im Lebach-Urteil von 1973 heißt es weiter:

> »Aber auch ohne einen solchen konkreten Bezug zur von dem Straftäter begangenen Tat kann eine Berichterstattung über dessen persönliches Leben durch ein öffentliches Informationsinteresse gerechtfertigt sein.«

Und es

> »... kann bei einem entsprechenden überragenden Informationsinteresse der Öffentlichkeit ein solcher wiederholter Eingriff in das Persönlichkeitsrecht des Straftäters selbst dann gerechtfertigt sein, wenn die das öffentliche Interesse veranlassende Tat mit der Strafverfolgung und strafgerichtlichen Verurteilung die im Interesse des öffentlichen Wohls gebotene Reaktion der Gemeinschaft bereits erfahren hat.«

Bemerkenswert ist auch die dann folgende Einlassung:

> »An einer solchen Personalisierung der ansonsten nur abstrakt als terroristische Vereinigung bekannten RAF besteht angesichts der herausragenden Bedeutung der Geschichte der RAF ein anhaltendes Informationsinteresse.«

Ein anhaltendes Informationsinteresse – das gilt für die »historische Aufarbeitung« des RAF-Terrors durch die BZ – für die Machenschaften der ehemaligen Mitarbeiter des Ministeriums für Staatssicherheit und die »historische Aufarbeitung« der Super Illu besteht dies nach Auffassung des Gerichtes offenbar nicht. Zweierlei Maß.
Trotzdem kann sich die BZ über diese Einschätzung nicht freuen.

> »Mit diesen sich auf eine Wortberichterstattung beziehenden Ausführungen ist aber noch nichts darüber gesagt, ob auch die Veröffentlichung eines aktuellen Bildnisses eines ehemaligen RAF-Angehörigen gerechtfertigt ist.«

Allein in der Bildberichterstattung sieht also das Berliner Landgericht in diesem Fall einen nicht hinzunehmenden Eingriff in das Persönlichkeitsrecht des ehemaligen RAF-Angehörigen.

Fazit:

Verantwortliche beim Namen zu nennen oder das Gesicht von Tätern zu zeigen ist bei der gegenwärtigen widersprüchlichen Rechtssprechung eine höchst riskante Angelegenheit. Nur finanzstarke Verlage oder öffentlich-rechtliche Rundfunkanstalten können es sich leisten, gegebenenfalls über mehrere Instanzen hinweg das Interesse der Öffentlichkeit an der Aufklärung zeithistorischer Ereignisse zu wahren.

In der Regel geht es dabei um Menschen, die durch eigenes Zutun in der Vergangenheit zur Etablierung oder Aufrechterhaltung menschenrechts-verachtender Systeme beitrugen und sich dabei an Taten beteiligten, die systematisch auf die Einschränkung oder Abschaffung elementarer Grundrechte abzielten.

Eine konkrete Berichterstattung über solche Personen hat nach unserer Auffassung eine überragende zeitgeschichtliche und gesellschaftspolitische Bedeutung und dies unabhängig davon, ob Betroffene jemals wegen ihrer Handlungen strafrechtlicher Verfolgung ausgesetzt waren oder nicht.

Das Versagen der deutschen Justiz bei der strafrechtlichen Aufarbeitung der NS-Diktatur ist bekannt. Ob die Justiz demnächst auch versagt, indem sie den Medien auch noch verbietet, NS-Täter beim Namen zu nennen oder ihr Gesicht zu zeigen, werden wir sehen. Auch wenn sich zeitgeschichtlich unterschiedliche Ereignisse schlecht vergleichen lassen: Ein »Recht auf Vergessen« haben ehemalige MfS-Täter oder RAF-Terroristen schon jetzt.

Übrigens: Der Lebenspartner der prominenten Schauspielerin ließ der Bild-Zeitung zu diesem Thema mitteilen: »Ich habe keine Lust, mich dafür zu rechtfertigen, das liegt weit zurück.«

Frank Jendro

Die Nutzung von Stasiunterlagen und der Datenschutz – kein Gegensatz

Eingangsthese:
Bis auf den Umstand der Speicherung an sich, hätte sich der Umgang mit den Unterlagen des ehemaligen Ministeriums für Staatssicherheit der DDR mit dem vorhandenen Instrumentariums des Datenschutz- und Archivrechts bewältigen lassen können.

A. *Das Stasiunterlagengesetz als historisch bedingte Sonderbestimmung zum Umgang mit begangenen Unrecht*

Die rechtlichen Regelungen zum Umgang mit den Unterlagen des ehemaligen Ministeriums für Staatssicherheit der DDR – kurz Stasi-Unterlagen – treffen auf eine Gemengelage von menschlich schwierigen Sachverhalten, in denen Menschen – als Opfer, Täter oder auch als Betroffene aufeinander geworfen sind. Die Rollen lassen sich nicht immer klar voneinander abgrenzen, nicht allzu selten spielen bei der nachträglichen Beurteilung früheren Verhaltens auch schlicht aktuelle politische Interessen eine Rolle.
Das Stasiunterlagengesetz (StUG) unterscheidet in seinen Begriffsbestimmungen in § 6 Abs. 2 StUG Betroffene, hauptamtliche und inoffizielle Mitarbeiter des MfS, Begünstigte und Dritte, die z.T. wiederum in Untergruppen differenziert werden. Für die Feststellung der »Gruppenzugehörigkeit« soll laut § 6 Abs. 8 StUG wiederum die Zielrichtung ausschlaggebend sein, mit denen die Informationen in die Unterlagen aufgenommen worden sind. Mit anderen Worten die Zuordnung erfolgt nachträglich und kann im Extremfall von der Intention des ursprünglichen Informationserhebers abweichen.
Datenschutzrechtliche Regelungen sprechen dem gegenüber neutral nicht von Opfer- oder Täterdaten, sondern allgemein von personenbezogenen Daten, die einen Teilaspekt des Persönlichkeitsrechts bilden.[1]

---

[1] Für viele § 3 Abs. 1 Brandenburgisches Datenschutzgesetz (BbgDSG): »Personenbezogene Daten sind Einzelangaben über persönliche oder sachliche Verhältnisse einer bestimmten oder bestimmbaren natürlichen Person«.

Bereits das Bundesverfassungsgericht geht in seinem – wenn auch schon in die Jahre gekommenen – Volkszählungsurteil[2] aber davon aus, dass der Mensch ein sozialbezogenes Wesen ist und daraus folgend eben nicht den Anspruch auf völlige Anonymität hat. Vielmehr muss er es hinnehmen, dass Informationen über ihn kundgetan werden und er auch anhand dieser Informationen bewertet werden kann.[3]

Für die staatliche Seite ist die Sache dabei eigentlich zumindest unter Hinzuziehung der gängigen juristischen Dogmatik recht einfach: Der Umgang mit personenbezogenen Daten greift in geschützte Grundrechtspositionen ein. Wollen staatliche Stellen dies tun, so bedarf das einer rechtlichen Regelung, wie mit personenbezogenen Daten, die in ihren Besitz gelangt sind, umgegangen werden muss und vor allem, welche Folgerungen aus ihnen gezogen werden dürfen oder ob gegebenenfalls Verwertungsverbote gegen eine Verwendung bestehen.

Für den Bereich der Stasiunterlagen bleibt zunächst festzuhalten, dass sie in erheblicher Zahl unter Verstoß gegen elementarste Rechtsstaatsgrundsätze in den Besitz der staatlichen Stellen der ehemaligen DDR und später als Folge der Vereinigung der beiden deutschen Staaten in den der heutigen Bundesrepublik gelangt sind. Dass sie sich nunmehr in der Obhut eines Rechtsstaates befinden, kann ihren ursprünglichen Mangel nicht heilen. Solch gravierende Verstöße gegen die Menschenwürde sind nicht heilbar.

Man hätte sich auf den Standpunkt stellen können, dass der Umgang mit den nun einmal vorhandenen Daten ausnahmslos mit den bereits vorhanden Mitteln des Archivrechts und der Datenschutzgesetze zu bewältigen gewesen wäre. Opfern hätte Zugang zu ihren Akten und sonstigen Unterlagen verschafft werden können, was letztlich nichts anderes ist als eine besondere Form des allgemeinen Auskunftsrechts hinsichtlich der eigenen (personenbezogenen) Daten, wie sie alle Datenschutzgesetze und im Übrigen auch die Archivgesetze kennen.[4]

Allerdings wäre dieses zum einen der besonderen historischen Situation – insbesondere auch der Notwendigkeit der rechtlichen Bewertung des Verhaltes von Personen, die, wie es heißt, mit den Taten des Systems verstrickt waren, nicht gerecht geworden. Und zum anderen – und das ist der entscheidende Punkt – erlauben Datenschutz- und Archivgesetze es nicht, auf solch eklatant rechtswidrige Weise erworbene personenbezogene Daten dauerhaft zu archivieren. Für diese hätte nach dem Rechtsverständnis der Bundesrepublik der Zwang zum Löschen bestanden![5]

---

2   BVerGE 65,1.
3   AaO S. 44.
4   Z.B. § 18 BbgDSB, § 8 Abs.1 Brandenburgisches Archivgesetz (BbgArchivG).
5   So etwa § 19 Abs. 4 BbgDSG.

Die Schaffung des Stasiunterlagengesetzes und die Existenz der (Bundes-) Beauftragten für die Unterlagen des Staatssicherheitsdienstes der ehemaligen DDR – kurz auch Stasiunterlagenbehörde – sind die Konsequenz daraus.

Das Stasiunterlagengesetz schließt die rechtliche Lücke im Archiv- und Datenschutzrecht. Es gibt die rechtliche Befugnis Unterlagen aufzubewahren, die nach altem Recht eigentlich zu vernichten gewesen wären. Eine solche Befugnisnorm hätte allerdings ohne weiteres in die bestehenden Gesetze eingefügt werden können.

B. *Grenzen der Ahndung begangenen Unrechts*

Darüber hinaus hat das Stasiunterlagengesetz auch weitere Absichten, die insbesondere den bestehenden Archivgesetzen in dieser Ausdrücklichkeit nicht bekannt waren: Die Aufarbeitung des eigenen Lebens sollte ermöglicht werden. In § 1 Abs.1 Nr.1 StUG heißt es beispielsweise, dem Einzelnen sind Informationen darüber zu ermöglichen, »damit er die Einflussnahme des Staatssicherheitsdienstes auf sein persönliches Schicksal aufklären kann«. Als weitere Aufgabe wird in § 1 Abs.1 Nr. 3 StUG die politische und historische Aufarbeitung der Tätigkeit des Staatssicherheitsdienstes benannt.

Die wertende Intention des Gesetzes ist insoweit weiter gesteckt, als die bloße Regelung des Zugangs zu Informationen und die Grenzen der Verwertung derselben. Es enthält damit zugleich einen quasi »therapeutischen Ansatz« wie auch einen politischen Auftrag. Solche Zielvorstellungen sind den konventionellen Datenschutzgesetzen fremd. Ihnen geht es vornehmlich um den Schutz der (eigenen) personenbezogenen Daten vor der (unbefugten) Nutzung durch andere. Darüber hinaus sind sie vom gesetzgeberischen Auftrag aus betrachtet zweckfrei – sie überlassen es der bewussten Selbstbestimmung des Einzelnen, was er mit (seinen personenbezogenen) Daten anfangen will. Vielleicht resultieren aus diesen explizit wertenden Aufträgen des Stasiunterlagengesetzes auch die Kollisionen von Datenschutz mit Aufklärern und Presse. Es stößt häufig auf ein gewisses Unverständnis von Betroffenen (Opfern wie Forschern und Journalisten), wenn ihnen entgegengehalten wird, dass auch die (potentiellen) Täter Rechte auf Wahrung der Privatsphäre haben, die gerade sie im Zusammenhang mit ihrer früheren Tätigkeit bei anderen so tiefgehend verletzt haben.

Nur am Rande sei angemerkt, dass auch sonst unerkannte Straftäter das Recht haben, sich nach Ablauf bestimmter, in Abhängigkeit von der Schwere der begangenen Taten verstrichener Fristen frei von (staatlicher) Verfolgung sehen zu dürfen. Bereits nach zehn Jahren verjährt eine Straftat – das heißt, sie bleibt durch Strafgerichte zwingend ungesühnt – wenn sie mit einem Strafmaß von bis zu zehn Jahren bedroht ist, nach zwanzig Jahren Taten, die mit Freiheitsstrafe von mehr als zehn Jahren bedroht sind. Es handelt sich bei den in Frage stehenden Delikten demzufolge durchaus nicht um Kleinigkeiten wie Schwarzfahren oder Ladendiebstahl, sondern um schwere Kapitaldelikte wie Raub, Erpressung oder Körperverletzung mit Todesfolge. Üble Nachrede und Verleumdung verjähren dagegen bereits nach drei Jahren.

Im Zusammenhang mit der Stasi geht es häufig »nur« um moralisch schäbiges Verhalten – nicht immer um Straftaten. Als schwerwiegend gilt die Verletzung der Privatsphäre, das Abfassen von Berichten, eben die Tätigkeiten, mit denen sich ein IM als moralisch anfechtbar erwiesen hat.

Aus datenschutzrechtlicher wie auch strafrechtlicher – den Bürger vor dem staatlichen Zugriff schützender – Sicht wäre hier nach 20 Jahren sicherlich ein Schnitt zu setzen. Jegliche (sanktionierende) Verwendung von Daten durch staatliche Stellen sollte in diesem Zusammenhang unterbunden werden. Ausnahmen können sich hier lediglich an den Straftaten – wie Mord oder anderen mit lebenslanger Freiheitsstrafe bedrohten Taten – orientieren, die nach solch einem langen Zeitablauf noch verfolgt werden können.

Das gilt selbstverständlich auch für arbeits- oder dienstrechtliche Konsequenzen, die etwa im Falle einer Kündigung in ihrer wirtschaftlichen Wirkung durchaus der Verhängung einer Strafe gleichkommen können. Bei den in Frage stehenden Rechtsverhältnissen geht es in erster Linie schließlich um die Erfüllung arbeits- und dienstrechtlicher Pflichten, nicht um ein moralisch beanstandungsfreies Vorleben.

C. *Verantwortung für begangenes Unrecht ohne (rechtliche) Ahndung*

Das heißt auf der anderen Seite nicht, dass der Mensch – soweit nur genug Zeit verstrichen ist – gesellschaftlich verantwortungsfrei sein kann. Er muss es sich gefallen lassen, im sozialen Umfeld an seinen Handlungsweisen gemessen zu werden. Hier bietet im Übrigen auch schon die bereits angesprochene Entscheidung des Bundesverfassungsgerichts[6] zum Recht auf informationelle Selbstbestimmung, die den Menschen als ein sozial eingebundenes Wesen betrachtet, einen Lösungsansatz zur Auflösung vermeintlicher Interessenkollisionen an. Was dem Staat als in die Grundrechte seiner ihm unterworfenen Menschen eingreifende Institution verwehrt bleiben sollte, kann dem Einzelnen unter Berufung auf die Grundrechte als handelndes gesellschaftliches Subjekt durchaus zugebilligt werden. Der privat handelnde Mensch muss nicht vergessen, er muss nicht vergeben, er darf sich erinnern und auf längst

---

6 BVerfGE 65,1.

vergangene Verhaltensweisen – die nicht zwingend zugleich auch Straftaten sein müssen – hinweisen.

Zu den privat handelnden Menschen gehören auch die Vertreter der Presse. Deren Aufgabe wird als eine für die Demokratie konstituierende und unverzichtbare erachtet und zeichnet sich darüber hinaus dadurch aus, dass sie gerade nicht den Bindungen staatlicher Institutionen unterworfen ist. Dennoch gibt es für sie neben ihren unmittelbar aus der Verfassung stammenden Rechten auch einschränkende Verpflichtungen. Auch sie muss selbstverständlich die Grenze der Menschenwürde achten und darf keine Daten aus den Beständen des ehemaligen Staatssicherheitsministeriums, die unter erkennbaren Verletzung von Menschenrechten (so § 32 Abs. 1 aE StUG) erhoben worden sind, weiter verbreiten. In der Sprache der Datenschutzgesetze hieße das, die schutzwürdigen Interessen der Betroffenen sind zu wahren.

D. *Begangenes Unrecht erlaubt die spätere Ungleichbehandlung ohne neues Unrecht zu setzen – Ende der Notwendigkeit einer Sonderregelung*

Das bedeutet zugleich auch, dass über Täter anders gesprochen und berichtet werden darf, als über Opfer oder sonstige von der Tätigkeit der Stasi lediglich nur Betroffene. Wobei nach datenschutzrechtlichen Vorstellungen auch die bloß Betroffenen ob der unrechtmäßigen Betroffenheit ihrer Privatsphäre als Opfer anzusehen wären. Wie bereits in der traditionellen Rechtsprechung zum allgemeinen Persönlichkeitsrecht – etwa zum Recht am eigenen Bild – müssen so genannte Personen der Zeitgeschichte es hinnehmen, dass über sie im Zusammenhang mit ihrer Stellung und ihrem Tätigwerden in Funktion und Öffentlichkeit auch als »unbescholtene« Bürgerinnen und Bürger berichtet werden darf. Mehr nicht! Aber auch sie müssen – insbesondere, wenn ihre »aktuelle Zeitgeschichtlichkeit«[7] nicht mehr währt – es nicht dulden, dass uneingeschränkt unter Hinzuziehung der Quellen der Stasiunterlagen über sie berichtet wird.

Wie weit dieser Schutz geht – ob er hinsichtlich der Nutzung durch Medien oder durch (zeitgeschichtliche) Forschung unterschiedlich zu bewerten ist, kann nicht allgemein, sondern lediglich einzelfallbezogen im Rahmen der Abwägung der beteiligten Interessen entschieden werden. Allerdings wird auch den so genannten absoluten Personen der Zeitgeschichte, denen kraft ihrer ausgeübten Funktion (Repräsentanten des Staates) eine nicht nur vom Tagesgeschehen diktierte Bekanntheit zukommt, sondern darüber hinaus eine

---

[7] Im Presserecht spricht man insoweit von den »relativen Personen der Zeitgeschichte«, über die im Zusammenhang mit einem besonderen – die Leute nur vorübergehend interessierenden – Ereignis auch personenbezogen berichtet werden darf.

gewisse historische Bedeutung, ein unantastbarer Bereich zuerkannt. In diesem bestimmen ausschließlich sie, ob und was über sie berichtet werden darf.[8]

In Anlehnung an archivrechtliche Geflogenheiten[9] legt § 32 Abs. 3 Nr. 5 StUG fest, dass nach Ablauf einer Sperrfrist (30 Jahre nach dem Tod) personenbezogene Daten veröffentlicht werden dürfen. So sind Geschehnisse und Personen zwar der tagespolitischen Aktualität aber auch der politischen Beliebigkeit ihrer Bewertung entzogen. Gleichzeitig sind die Belange der Forschung, die ja auch von ihrem Kontakt zur Öffentlichkeit lebt, gewahrt, zudem der wissenschaftlichen Forschung entsprechend den Vorschriften des StUG (§ 32) schon vorher der Zugang zu den Unterlagen unabhängig vom Recht auf ihre Veröffentlichung eröffnet werden kann.

Anders sieht die Situation bei den Tätern aus. Hier hat der Gesetzgeber die Abwägung dahin entschieden, dass diese i.d.R. benannt werden dürfen (so eindeutig § 32 Abs.3 Nr.2 StUG).

In dieser grundsätzlichen Entscheidung kann eine Wiedergutmachungsfunktion insofern gesehen werden, als die Täter gezwungen sind, sich auch in Zukunft auch ohne ihre Zustimmung mit ihren Taten der Vergangenheit auseinanderzusetzen und sich ggf. rechtfertigen zu müssen. Eine klare Wertung, die bei der Anwendung der Datenschutzgesetze erst über die Auseinandersetzung mit dem Begriff der »schutzwürdigen Belange von Betroffenen« erarbeitet werden müsste, nicht desto weniger rechtlich auch dort ohne Weiteres haltbar wäre. Hier hat das StUG eine die Auslegung erleichternde Klarstellungsfunktion. Dieses klare Ergebnis wird nicht dadurch geschmälert, dass den Tätern das Recht eingeräumt wird, sich mit den Mitteln des Rechtsstaats, den sie einst bekämpften, zu wehren. Auf der richtigen Seite zu stehen, entbindet nicht von der Pflicht, vor einem Gericht unanfechtbare Beweise für eine Behauptung zu haben. Das kann im Einzelfall zu unbefriedigenden Ergebnissen und u. U. auch dazu führen, etwas nicht oder nicht in der gewünschten Form darzustellen. Ein Problem, welches nicht neu ist und auch in der Vergangenheit beim Umgang mit personenbezogenen Daten Einzelner nicht unbekannt war.[10]

---

8 Zum Ganzen grundlegend und immer noch aktuell: Neuman-Duesberg, Horst, Bildberichterstattung über absolute und relative Personen der Zeitgeschichte, in JZ 1960, 114.
9 § 10 Abs.3 BbgArchivG erlaubt die (freie) Nutzung personenbezogenen Archivguts bereits 10 Jahre nach dem Tod der betroffenen Person.
10 Wie das Institut des Rechts der Gegendarstellung zeigt – eine beispielhafte Übersicht bei Löffler, Kommentar zum Presserecht, 5. Aufl. 2006, Beck-Verlag.

E. *Fazit*

1. In den Zeiten der Wende und des Umbruchs war der Weg des Stasiunterlagengesetzes mit seinen Sonderregelungen vernünftig. Inwieweit er in Zukunft neben dem traditionellen Instrumentarium des Datenschutzes und Archivwesens erforderlich ist, erscheint zumindest diskussionswürdig.
2. Die rechtlichen Instrumente von Datenschutz- und Archivgesetzen sind ausreichend, um Interessenabwägungen zu treffen und zu klaren Ergebnissen zu führen. Die Eingliederung der Stasiunterlagen in die Bestände des Bundesarchivs könnte letztlich auch als ein Beitrag zur Aufarbeitung deutsch-deutscher Geschichte gesehen werden, ohne deren Nutzungsmöglichkeiten zu beeinträchtigen.

Unabhängig von dieser aus meiner Sicht eher organisationstheoretischen Frage bleibt im Rahmen der Veranstaltung festzuhalten:

Täter haben ein Gesicht und sie dürfen auch genannt werden.

Autorenverzeichnis

Reinhard Borgmann, 1952 in Berlin geboren. Borgmann produzierte Spiel- und Dokumentarfilme und veröffentlichte in verschiedenen Printmedien Artikel zu Wissenschafts-, Umwelt- und Gesundheitsthemen bevor er 1991 als Autor in den politischen Magazinjournalismus einstieg. Ab 1993 war er als Chef vom Dienst für *KONTRASTE* tätig. Daneben publizierte er Zeitschriftenartikel und Bücher zu zeitgeschichtlichen Themen. Anfang 2002 übernahm Reinhard Borgmann die Redaktionsleitung des ARD-Magazins. Seit 2004 ist er Leiter des Ressorts Politische Magazine im *rbb* und damit zusätzlich auch für das politische Magazin *KLARTEXT* verantwortlich.

Hans-Jürgen Grasemann, Dr. jur., 1946 in Hannover geboren, Oberstaatsanwalt. 1965 Beginn des Studiums der Rechtswissenschaften an der Universität Göttingen, 1970 1. Staatsexamen OLG Celle, 1970- 1975 wissenschaftlicher Mitarbeiter und Dozent an der Ost-Akademie Lüneburg (Ref. »DDR und innerdeutsche Beziehungen«), 1973 Promotion an der Universität Göttingen mit einem Thema aus dem DDR-Verfassungsrecht, 1976/77 Richter am Landgericht Braunschweig, 1978 Staatsanwalt in Braunschweig, 1988 – 1994 stellvertretender Leiter und Sprecher der Zentralen Erfassungsstelle Salzgitter und Pressesprecher der Generalstaatsanwaltschaft Braunschweig. Seit 1994 Abteilungsleiter in der Staatsanwaltschaft Braunschweig, Vorsitzender von Prüfungsausschüssen im Niedersächsischen Landesjustizprüfungsamt für das 2. Staatsexamen. Zahlreiche Veröffentlichungen in Sammelwerken und Fachzeitschriften, insbesondere zu juristischen Fragen der Aufarbeitung der DDR-Vergangenheit, aber auch zu Fragen der inneren Sicherheit. Seit 1967 in der politischen Bildungsarbeit für die unterschiedlichsten Bildungsträger tätig. Vorsitzender des Trägervereins Politische Bildungsstätte Helmstedt e.V. (Heimvolkshochschule). Seit 2007 im Vorstand des Zentralverbandes Demokratischer Widerstandskämpfer- und Verfolgtenorganisationen (ZDWV).

Frank Jendro, Dr. jur., 1960 in Berlin geboren. Ab 1980 Jurastudium mit Schwerpunkt »Öffentliches Recht« an der Freien Universität Berlin sowie im Anschluss daran Referendariat beim Kammergericht Berlin. 1988 – 1991 Promotion mit Hilfe eines Stipendiums der Friedrich-Ebert-Stiftung unter Betreuung von Prof. Heinz Wagner und Prof. Jutta Limbach zum Thema »Eingriffsqualität und rechtliche Regelung polizeilicher Videoaufnahmen«, 1993-1995 behördlicher Datenschutzbeauftragter an der Technischen Universität Berlin, 1995-1999 Leiter des Referats für Angelegenheiten der Akademischen Selbstverwaltung (Rechtsaufsicht über die akademischen Gremien, Studierendenparlament, Wahlamt) an der Technischen Universität Berlin. Seit 1999 zunächst Leiter des Bereichs Recht und Verwaltung, dann auch Stellvertreter der Beauftragten für den Datenschutz und das Recht auf Akteneinsicht im Land Brandenburg.

Christine Keitel-Kreidt, Dr., Dr. h.c., 1942 in Zeitz/Halle geboren, ordentliche Professorin, Vizepräsidentin der Freien Universität Berlin. Studium der Mathematik, Physik, Philosophie und Soziologie, Diplom in Mathematik und Soziologie, Promotion an der Mathematischen Fakultät der Universität Bielefeld, Habilitation an der Mathematischen Fakultät der Technischen Universität Berlin, 1999 Dr. h.c. der Universität Southhampton/Großbritannien und 2009 Dr. h.c. der Universität Shumen/Bulgarien. Zahlreiche Führungspositionen in internationalen Wissenschaftsvereinigungen.

Hans-Joachim Otto, 1952 in Heidelberg geboren. 1971-1977 Studium der Rechtswissenschaften und Wirtschaftswissenschaften an den Universitäten München, Heidelberg und Frankfurt am Main, 1980-1983 wissenschaftlicher Assistent an der Johann-Wolfgang-Goethe-Universität in Frankfurt am Main. Seit 1984 Partner einer Rechtsanwaltssozietät in Frankfurt am Main; Schwerpunkt Wirtschafts –, Medien- und Erbrecht. 2000 Berufung zum Notar. 1980-1983 Bundesvorsitzender der Jungen Liberalen, 1985-1993 Vorsitzender der FDP Frankfurt am Main. Seit 1987 Mitglied des Landesvorstandes der FDP Hessen, seit 1992 Vorsitzender der Bundesmedienkommission der FDP, seit 1995 Vorsitzender des FDP-Bezirksverbandes Rhein-Main. 1982-1988, 1990-1995 und seit 2005 Mitglied des Bundesvorstandes der FDP. 1983-1987 Mitglied des Hessischen Landtages. 1990-1994 und seit 1998 Mitglied des Bundestages, 1998-2005 Medien- und kulturpolitischer Sprecher der FDP-Bundestagsfraktion. Seit 2005 Vorsitzender des Ausschusses für Kultur und Medien des Deutschen Bundestages. Mitglied des Programmbeirates von MAIN FM Frankfurt Business Radio GmbH & Co., Frankfurt am Main, Mitglied des Programmausschusses von RTL Television GmbH, Köln, Mitglied des Kuratoriums der Gesellschaft zum Studium strukturpolitischer Fragen, Berlin, stellvertrtendes Mitglied des Beirates Bundesnetzagentur für Elektrizität, Gas, Telekommunikation, Post und Eisenbahnen, Bonn, Mitglied des Kuratoriums der Stiftung Denkmal für die ermordeten Juden Europas, Berlin, Mitglied im Stiftungsrat der Kulturstiftung des Bundes, Halle, außerordentliches Mitglied des Goethe-Instituts, München, sowie Mitglied der Deutschen UNESCO-Kommission e.V., Bonn und Vorsitzender des Freundeskreises der Stiftung Buchkunst, Frankfurt am Main/Leipzig.

Wolfram Pyta, Dr. phil., 1960 in Dortmund geboren, ordentliche Professur, absolvierte sein Studium (Geschichte, Philosophie, Politikwissenschaft) in Bonn und Köln und wurde 1987 promoviert. Von 1988 bis 1994 Assistent an der Universität zu Köln, dort Habilitation 1994. Lehrerfahrungen an den Universitäten Tübingen und Bonn, zwischendurch ein Jahr als Forschungsstipendiat am Historischen Kolleg in München und von 1995 bis 1999 Heisenberg-Stipendiat von der Deutschen Forschungsgemeinschaft. Seit April 1999 Leiter der Abteilung für Neuere Geschichte am Historischen Institut der Universität Stuttgart und seit 2001 zudem Direktor der Forschungsstelle Ludwigsburg zur NS-Verbrechensgeschichte.

Jochen Staadt, Dr. phil.. 1950 in Bad Kreuznach geboren. 1968 Studienbeginn an der Freien Universität Berlin. 1977 Dissertation über Romane der DDR., Projektleiter im Forschungsverbund SED-Staat der FU Berlin. Autor der Frankfurter Allgemeinen Zeitung. Diverse Veröffentlichungen über die westdeutsche Studentenbewegung von 1968, zur DDR und über deutsch-deutsche Beziehungsgeschichten (U.a.: Die geheime Westpolitik der SED (1993), Eingaben. Die institutionalisierte Meckerkultur in der DDR (1996), Deckname Markus. Spionage im ZK (1998) mit Reinhard Borgmann, Die Zusammenarbeit zwischen MfS und dem kubanischen MININT (2002) / mit Gerhard Ehlert und Tobias Voigt, Die antiautoritäre Revolte. Der Sozialistische Deutsche Studentenbund nach der Trennung von der SPD. Band I, Westdeutscher Verlag, Wiesbaden 2002 / mit Siegward Lönnendonker und Bernd Rabehl, Operation Fernsehen. Die Stasi und die Medien in Ost und West (2008) / mit Tobias Voigt und Stefan Wolle. Laufende Forschungen zur Einflußnahme von SED und MfS auf Berliner Wissenschaftseinrichtungen, zur Staatlichen Kunstkommission der DDR, zur Westpolitik der SED in den 70er und 80er Jahren, zur Kontrolle und Überwachung der diplomatischen Vertretungen in Ost-Berlin 1973-1989 und zu Kampagnen und Aktionen der SED und des MfS gegen den Axel Springer Verlag.

Johannes Weberling, Dr. phil., 1958 in Biberach/Riß geboren. 1978 – 1986 Doppelstudium Jura und Geschichte an den Universitäten Gießen/Lahn, Freiburg im Breisgau und Bonn. 1981 – 1983 Bundesvorsitzender des Ring Christlich-Demokratischer Studenten (RCDS). 1989 Promotion zum Dr. phil. und zweites juristisches Staatsexamen. Seit 1990 Rechtsanwalt mit den Schwerpunkten Medien- und Arbeitsrecht. Initiator des 2001 gegründeten Studien- und Forschungsschwerpunkts Medienrecht an der Europa-Universität Viadrina Frankfurt (Oder) und seit 2005 dort Honorarprofessor für Medienrecht. Seit 1995 stellvertretender Vorsitzender der Arbeitsgemeinschaft der Verlagsjustitiare und seit 1998 Mitglied der Schriftleitung der AfP Zeitschrift für Medien- und Kommunikationsrecht. 2002 Sachverständiger des Deutschen Bundestags für die 5. Novelle des Stasi-Unterlagen-Gesetzes, 2002 und 2003 Sachverständiger des Europarats bei den Beratungen des Public Information Act der Republik Serbien und Montenegro, 2003 Länderreferent auf der Internationalen Medienenquete – Medienkonzentration und Kontrollmechanismen in Europa: Rechtstatsachen – Rechtsinstrumente – Rechtsberufe in Wien, 2005 Sachverständiger im Deutschen Bundestag bei den Beratungen der Novelle des Pressekartellrechts und 2006 Sachverständiger des Deutschen Bundestags für die 7. Novelle des Stasi-Unterlagen-Gesetzes.